社交恐惧症

恐惧症

彭惠萍◎著

自救

SOCIAL
PHOBIA

指南

台海出版社

图书在版编目（CIP）数据

社交恐惧症自救指南 / 彭惠萍著. — 北京 : 台海
出版社, 2022.7
ISBN 978-7-5168-3326-1

Ⅰ.①社… Ⅱ.①彭… Ⅲ.①心理交往—通俗读物
Ⅳ.①C912.11-49

中国版本图书馆CIP数据核字(2022)第106506号

社交恐惧症自救指南

著　　者：彭惠萍

出 版 人：蔡　旭　　　　　　　　　封面设计：异一设计
责任编辑：王　艳

出版发行：台海出版社
地　　址：北京市东城区景山东街20号　　邮政编码：100009
电　　话：010—64041652（发行，邮购）
传　　真：010—84045799（总编室）
网　　址：www.taimeng.org.cn/thcbs/default.htm
E - m a i l：thcbs@126.com

经　　销：全国各地新华书店
印　　刷：河北盛世彩捷印刷有限公司
本书如有破损、缺页、装订错误，请与本社联系调换

开　　本：880毫米 × 1230毫米　　　　1/32
字　　数：139千字　　　　　　　　　印　　张：7.25
版　　次：2022年7月第1版　　　　　印　　次：2022年7月第1次印刷
书　　号：ISBN 978-7-5168-3326-1

定　　价：49.00元

前 言 >>>

社交恐惧症患者的自白：也不知道我为什么这样，但就是没法改变

你是一个怕生的人，嘴笨、性格不够活泼外向，糟糕的是你以这种方式生活了二三十年。你自知这种状态很差，也知道别人似乎不喜欢，但你就是改变不了，每天生活在提心吊胆之中，你恐惧的不是死亡，不是蟑螂，而是和别人打交道。

没错，你是一个社交恐惧症患者。

所谓"社交恐惧症"，其实就是见到陌生人、不熟悉的人甚至是熟人都会感到难为情的症状。它的成因比较复杂，可能和天性有关，可能和家庭教育有关，也可能和后天的某段不愉快经历有关。总之，想要克服社交恐惧症是一件非常难的事情。也许，你在翻开这本书之前鼓足了勇气对自己说："看完这本书我就要撕

掉'社交恐惧症'的标签。"然而在阅读了几页之后，你可能会发现改掉社交恐惧症的行为习惯真的很难，不如放下书钻进被窝里，让手机静音，继续享受身为社交恐惧症患者的乐趣。你也不知道自己为什么会这样，但就是没办法。可是，如果你真的这么做了，或者产生了类似的念头，那么，你不仅是社交恐惧症患者，还是一个对待生活态度不够积极的怯懦者。

的确，克服社交恐惧症并非一朝一夕能完成的，但还是有人完成了这件看似不可能完成的事情，这不是因为他们比你更能认清社交恐惧的危害，而是他们发现了症结所在：害怕和陌生人交谈不是真的不善表达，而是担心自己得不到对方的回应；害怕和亲戚见面不是真的情感单薄，而是担心对方过多介入自己的生活；害怕参加多人聚会不是真的不受欢迎，而是你先给自己贴上了自卑的标签……事实上，社交恐惧症并不是一种社交低能，也未必是低情商，或许仅仅是有一个心结没有打开，而这个心结或许只是受到敏感天性、个性自由或者言传身教的影响。

其实解开心结并不难，之前你觉得困难重重是没有一一对照，或者是在别人的误导下把社交恐惧症简单地归结为"性格内向"或者"表达能力差"，而通过阅读本书，你会发现这些都是错误的归因。你或许性格开朗，或许出口成章，之所以恐惧社交是没有在具体的情境中梳理那些让你恐惧的源头，所以它们产生的破坏力就被人为地放大了。

　　本书涵盖了社交恐惧症患者经常遇到的社交困境，不仅生动还原了你可能面对过的场景和人物，还精准还原了你当时的内心状态。在罗列出以上细节之后，为你提供了在特定情境下改善自我的实用方法。这些方法不仅能够让你举一反三，不局限于书中描述的情境，还能帮助你应对各种不同的焦虑触发情境。即便书中没有提到的特殊情况，你也能在阅读本书之后找到与之匹配的破解方法。所以，你要抱着开放和投入的心态阅读本书，拿出一点时间进行练习和实践。这不会耗费过多的精力，而你一旦学以致用，就会发现自己正在慢慢摆脱社交恐惧症，结交越来越多的朋友，你的生活将重新被点亮。

目 录 >>>

PART 01

我每天有"25个小时"不想见人

社交恐惧症是给人们带来痛苦的一种心理障碍，严重时会直接影响正常的工作和生活。在外人看来有些"不可理喻"：明明是很容易办到的事情为什么他们会认为那么难？也正是外界的这种态度，让社交恐惧症患者认为自己是乏味的人，不受大家喜欢。

PART 02

没错，这就是我了

客观地讲，和陌生人打交道是一件不容易的事，也是一件让人不舒服的事。因为我们不了解对方的脾气秉性，稍有不慎就可能惹怒对方，而要承担的后果是未知的。这种战战兢兢的状态连普通人都难以承受，更不要说社交恐惧症患者了。

PART 03 都是因为我害怕极了

看到有人因为说错话被开除了，就担心自己在领导面前发言会出错；看到有人因为做错事被分手了，就在恋人面前卑躬屈膝……其实，生活并没有社交恐惧症患者想象的那般复杂，人也没有敏感到如此的程度。只是我们放大了对自己言行的认知，导致我们变得敏感多虑了。

PART 04 试试这样思考

其实，从积极的角度看，尴尬这种情感是正向的，因为尴尬意味着我们在意个体被群体评估的价值。不过，当"在意他人的看法"逐渐演变为人类的一种生存本能之后，大家也就习惯设定一些公认的准则、行为规范以及社会文化，目的就是对每个人都进行定位，通过对其产生的正面或者负面的评价来规范其行为。

PART 05 让他人心里受用，让自已感觉舒服

社交恐惧症患者并不都具备强大的心理洞察能力，那就不要盲目地揣摩对方的喜好，不如选择能拉近关系的常见话题，难度不高，效果不差。

PART 06

本来就不爱说话，社交更要高效些

在这个世界上，你不可能让所有人都交口称赞，那就不要想着参加所有社交活动，而应把有限的精力用在高价值的人际交往中，并笃信那句话：真正的友谊是不喧嚣的。

PART 07 三周改善社交恐惧症计划

过去我一直把自己封闭起来，与其说给自己设置了一个安全区，不如说是一个舒适区。在这个区域里，我能从容地应付一切。我规避了所有挑战，而在走出舒适区以后，我认识到自己的短板，也意外地发现了自己还有些许长处和潜力……

PART
01

社交恐惧症是给人们带来痛苦的一种心理障碍，严重时会直接影响正常的工作和生活。在外人看来有些"不可理喻"：明明是很容易办到的事情为什么他们会认为那么难？也正是外界的这种态度，让社交恐惧症患者认为自己是乏味的人，不受大家喜欢。

我每天有"25 个小时"不想见人

什么是社交恐惧症

作为中国首创的声音互动真人秀节目,《朋友,请听好》一经开播就深受大家欢迎。在特辑第二期节目中,一位观众来信描述了自己的状况:她是一个性格内向的女孩,不懂得怎样与他人相处,在和不熟悉的人共处一个空间时,不知道该采取什么样的态度回应,而她内心的真实想法是彼此都不要说话,这样就不会感到尴尬了。

从女孩的描述中可知,她不是受到内向性格的影响,而是有轻微的社交恐惧症。在本期节目播出时,有不少观众纷纷表示"是我本人了""我也是这样"。由此可见,很多人都被类似的问题所困扰,这一切都聚焦在一个名词上——社交恐惧症。

社交恐惧症又名社交焦虑障碍。在临床上此类病症经常出现在青少年或者成人早期,它是恐惧症的一种亚型,而恐惧症原称恐怖性神经症,是神经症的一种。社交恐惧症的主要表现是过分和不合理地惧怕外界某种客观事物或情境,而且患者自己知道这种恐惧反应是过分的、不合理的,但没办法对其进行控制,导致其反复出现。一般来说,患者在恐惧发作时会伴有明显的焦虑和自主神经症状,他们会极力回避导致恐惧的客观事物或情境,或者默默忍受，进而影响其正常活动。

目前，社交恐惧症已排在抑郁症和酗酒之后，成为位居世界第三的心理疾病。不过，很多人往往会把社交恐惧症和内向混为一谈。那么，二者之间有什么区别呢？

从共性上看，患有社交恐惧症和性格内向的人都不喜欢活动在人群中。然而性格内向的人只是单纯喜欢独处，喜欢向内而求，简单说就是心中有了疑问、情绪上有了波动都不会向外界寻求帮助或者寻找发泄途径，而是通过内化的方式自我解决，他们不是不敢社交，只是不喜欢、不愿意。社交恐惧症患者则不同，他们对社交这种行为并非本能地排斥甚至还有一定的渴求，但是会因为害怕不敢参与到社交活动中。

总的来说，性格内向的人可以选择社交和独处两种方式，只是从本心上讲他们更喜欢后者，属于"我可以但我不想那么做"。而社交恐惧症患者并不是真心喜欢独来独往，而是社交那条路他们实在走不下去，只好无奈地选择了前者。

社交恐惧症是给人们带来痛苦的一种心理障碍，严重时会直接影响正常的工作和生活。在外人看来有些"不可理喻"：明明是很容易办到的事情为什么他们会认为那么难？也正是外界的这种态度，让社交恐惧症患者认为自己是乏味的人，不受大家喜欢。在这种心态的影响下，他们会变得越来越敏感，更不愿意和他人发生社交行为，久而久之就会形成严重的抑郁和焦虑，最终导致社交恐惧症状恶化。为此，社交恐惧症患者不得不改变原有的生活去适应他们的症状，从而错过了很多有意义、有价值的社会活动。比如，无法建立正常的两性关系、错失向上司展示才能的机会等。

从发病年龄分布上看，社交恐惧症大多发于儿童和青少年时期。针对成人的统计则存在困难，这是因为成年人害怕和回避的方式更为隐蔽。比如，他们会寻找各种借口拒绝社交活动，外人往往无法分辨真实原因，这就让社交恐惧症在成年人群体中具有较强的隐蔽性和缓慢发展等特征。然而，很多社交恐惧症患者会选择默默承受这种社交障碍给自己带来的痛苦和损害，只有极少的一部分人会主动寻求专业的治疗和帮助。

那么，怎样区分我们是性格内向还是患有社交恐惧症呢？可以通过一些常见的症状进行判断。

第一，恐惧所有需要发言或者能表现自己的活动和场所，即便发言，声音也很小。

第二，会有很长的一段时间宅在家中不愿与人接触。

第三，内心世界很丰富，想象力很强，却无法正确地展示和表达。

第四，参加聚会时只愿意做一个旁听者，不愿意参与讨论。

第五，在人多的地方特别不希望别人注意到自己。

第六，不愿意主动联系同学和朋友，如果对方主动联系会不知所措。

第七，虽然很孤独却会拒绝多数人的邀请，认为宅在家里才是最舒适的。

第八，与人交流时不敢直视对方的眼睛。

以上就是社交恐惧症的部分特征，当你习惯性出现这些症状的时候就要注意了，因为你大概率是一个社交恐惧症患者而非单纯性格内向，严重者还可能涉及精神范畴，比如在上述提到的场合或者情境中出现头晕、恶心甚至颤抖等症状。当然，社交恐惧症不是一个甩不掉的标签，只要你愿意尝试改变会有痊愈的那一天。

社交恐惧症：一个被低估的隐藏问题

电影《心灵捕手》是一部深受观众喜爱的心理学佳作，片中展示了麻省理工学院每天都在上演的天才对决。有一次，教授蓝波在公告栏公布一道高难度的数学题，过了很久都没有人能解答出来，没想到某一天突然被人破解了，后来教授发现，解题的不是学生而是清洁工威尔。令人惊讶的是，这个威尔是个喜欢打架闲逛的问题青年。教授经过了解发现，威尔不是品行有问题，而是患有社交恐惧症，导致其无法与人正常交流。

生活中不乏威尔这样的人，他们看起来和社交恐惧症没什么关系，甚至表现出的某些"症状"还与社交恐惧症截然相反，但事实上他们就是社交恐惧症患者，只不过他们表现出的暴力行为是一种不可取的极端发泄方式。由此可见，社交恐惧症是一个极易被人低估甚至忽视的问题，之所以会出现这种反常现象，和性格没有必然联系。

人们普遍认为，社交恐惧症只存在于性格内向的人身上，因为他们不擅长交际所以才会恐惧社交，但其实性格的内向和外向以及社交能力都和社交恐惧症没有必然联系，也就是说性格外向的人、社交能力不差的人也可能对社交产生恐惧。简单说，一个性格活泼的人有时候会因为在意别人对自己的看法而变得敏感，所以在社交时会尽量鼓足勇气让自己融入进去。这个融入的过程非常隐蔽。因为这种外向型社交恐惧症患者在言谈举止上与常人无异甚至技高一筹，但他们的心理活动却具备了社交恐惧症的基本特征。

现实中确有此类人存在，一个在讲台上口若悬河的教授，私下里可能总是独处，能推脱的聚会一概推脱，即使面对家人也不愿意多说话。在走上讲台之前他们要进行一番困难的心理建设才能表现得"侃侃而谈"，这就是社交恐惧症的隐蔽性。

综上所述，任何情绪和心理上的障碍其实都和性格、社交能力没有直接关系，社交恐惧症就是一种内在疾病。那么，社交恐惧症究竟是怎样形成的呢？目前，人们对社交恐惧症在确切病因和发病机制上还没有清晰的认识，不过主要引发疾病的因素大致可以分成以下三种。

第一，环境影响

环境影响主要指的是原生家庭的影响，通常社交恐惧症患者的家庭环境或者身处的文化环境会影响他们的社交，比如经历一些严重的创伤事件或者在突发事件中没有得到妥善的解决等。典型的是曾经遭遇过家庭暴力却没有得到情绪上的平复和心灵上的安慰，导致他们恐惧与他人交往，在遇到具有相似的情境时会产生强烈的恐惧和逃避心理。

众所周知，原生家庭对一个人的认知形成有着重要的影响。一些父母总是对孩子有着过高的期待，而伴随着这种期待孩子就会将成为家长眼中的完美孩子当成自己的目标。于是，在人生的每个阶段都努力让自己不犯错误，甚至不允许自己存在缺点，努力成为"别人家的孩子"；一旦达不到目标就会受到父母的斥责，严重的还会升级为人格上的羞辱。显然，在这样的成长环境中，大多数人都会形成完美主义的认知，当他们无法做到完美时，小时候的情绪记忆就会浮现出来，让他们陷入焦虑和恐惧中，进而想要逃离人群。

第二，人生观和价值观的传承

有些社交恐惧症患者会受到一些遗传因素的影响，当然这里所说的遗传不是生理上的遗传，而是思想观念上的遗传。比如，社交恐惧症患者的父母具有或者曾经患过社交恐惧症，那么他们的子女也更容易"继承"这一症状。在现实生活中，的确有一些人并不认同父母的人生观和价值观，但在潜移默化的影响中还是不知不觉地接受了父母对于人生和价值的衡量标准，而这样的标准往往又是自己无法达到的。那么，他们在无法达到标准的时候，就会因为自己的差劲表现而感到懊恼和愤怒。当此类情况频繁发生之际，他们就更加无法承受失败，也会越来越轻视自己，进而产生自卑感。于是，为了防止自己不断犯错，他们就采用了逃避的消极方式，结果就是对社交越来越恐惧。

第三，内心冲突

有些人格特质更容易患上社交焦虑。这是因为他们在意别人的负面评价，而且对于自己的行为过于压抑，简单说就是由个体的内心冲突造成的。比如，有些父母对子女并没有望子成龙、望女成凤的预期，但是子女自己却想要成为一个极致完美的人，然而人非圣贤，这种自我构建出的幻想会和现实中的自己产生极大的差异。当现实无法满足他们预设出的那个完美的样子时，内心就会充满矛盾。当他们看到现实中那个平凡的自我时，就会无限憎恶，认为自己不该是这样的，却又无力改变。于是，就产生了恐惧和逃避的心理。

当然，社交恐惧症的成因是复杂的，并不一定是单方面作用的结果，也可能是由于人格气质和原生家庭共同作用所导致的。因此，每个人都需要根据自己的实际情况进行分析。

社交恐惧症对人的影响是多方面的，除了情绪和行为之外，还会深入作用到人的感知、思维以及对未来的预期等。这些影响都是消极的，会让人缺乏应对挫折的抗压能力，最后身心俱疲。最糟糕的是，上述过程往往不会被人发现。因为你在他人眼中可能是一个"阳光健康"的形象，这种内外认知的分裂只会加重症状，并且，让你很难得到外界的理解。因此，如果认清自己存在社交恐惧，千万不要用表面上的"阳光健康"来自我麻痹，而是要理性面对现实，赋予自己努力改变的动力。

社交恐惧症的类型

社交恐惧症是一种带着"孤独"标签的病症。不过，社交恐惧症患者群体并不"孤独"，因为这一症状中还有很多分类。当然，我们罗列出具体的分类并不是出于猎奇，而是为了帮助大家对症下药，具有针对性地选择治愈方法。

按照病症针对的场合与情景，可以分为一般社交恐惧症和特殊社交恐惧症。

第一，一般社交恐惧症

该症状的特点是你会害怕在任何地方、任何情境中成为别人关注的中心，也就是无论别人对你作出何种反应，在你眼中都像是在极力地关注着你，从而让你焦虑不安。这个"一般"的标签听起来不可怕，实际上却让你随时随地都处于恐惧状态。你害怕被介绍给陌生人认识，你害怕在公共场合就餐，你回避去公共场合的所有可能，即便在你的切身利益受到损害时，你也不敢为之争辩。

第二，特殊社交恐惧症

该症状的特点是你只对特定的场合或者情境产生恐惧。比如，你害怕在公共场合说话，但是在熟悉的朋友中却敢高谈阔论。这听起来有些矛盾，但现实生活中有这种情况的大有人在。比如，很多教师、推销员或者演员，他们在面对学生、客户和观众时并不害怕讲话或者表演，然而一旦脱离自己熟悉的场所和情境就会变得紧张不安，甚至连讲话也结巴起来。

按照病症的发作表现，可以分为对视恐惧症、红脸恐惧症以及口吃恐惧症。

第一，对视恐惧症

该症状的特点是在与人交往（尤其是一对一交往）时，不敢直视对方的眼睛，总是极力地想要避开对方的视线，一旦四目相对就会产生极度的不适，比如头脑空白、手足无措等，甚至只要感觉到别人看自己就会无所适从。该症状体现在学生身上就是害怕和老师的视线相遇，体现在员工身上就是害怕和老板的目光相对。在出行时，对视恐惧症患者特别担心和往来的路人发生视线交流，所以总是避免高峰时段出行或者选择僻静的小路，展示给外人的形象就是一个低着头匆匆赶路的沉默者。

第二，红脸恐惧症

人们在遇到难为情的场景时都会脸红，这是一种正常的心理和生理反应，但是社交恐惧症患者的红脸恐惧症则不同，他们并没有身处令人难堪的情景，只是担心自己在公共场合可能被人关注和议论，就会产生各种不自然的表情和动作，而脸红就是最典型的表现。很多时候，红脸恐惧症患者一边和对方慢吞吞地讲话一边就会不由自主地脸红，以至于让对方感到莫名其妙，而患者本人则更加担心自己因为脸红而沦为他人的笑柄，进而回避各种社交活动。

第三，口吃恐惧症

该症状的特点是独自一人或者和家人、熟识的朋友交流时口齿清晰、表达流畅，而如果和陌生人或者不熟悉的人交流，就会出现口吃或者语无伦次的情况。患有该症状的人无法在别人面前打电话、通视频，他们往往更喜欢通过文字交流，比如发短消息或者发邮件等。

按照病症的心理动因，可以分为露丑恐惧症、被洞悉恐惧症以及异性恐惧症。

第一，露丑恐惧症

该症状的特点是担心自己在别人面前作出一些幼稚可笑、滑稽愚蠢的举动或者事情，比如，说错话、着装不规范、举止不自然等，进而影响到外界对自己的评价。所以该类症状的患者会特别害怕单独出现在众人面前，比如上台演讲，轻者说话前言不搭后语，重者甚至可能当场晕厥。为了避免这些情况发生，他们会尽量让自己远离此类场景，比如，别人让自己演讲时会以"没准备好"或者"嗓子发炎"等理由搪塞过去。

第二，被洞悉恐惧症

该症状的特点是害怕自己的内心世界在和他人的交往中被暴露出来，特别是心中关于"丑陋"和"肮脏"的部分。因为他们总觉得自己的一言一行、一举一动能够轻易被对方识破，而对方似乎也有兴趣了解，因此为了保全自己的名誉就会尽量减少和他人的往来。

第三，异性恐惧症

该症状的特点是只要聚会活动中或者身边（近距离）出现异性就会紧张、难受和不自在等。如果不需要面对异性，这类患者的社交表现就和常人无异，这可能是源于对异性的莫名恐惧或者刻意表现所带来的压力。在生活中，有些人在公交车上原本坐得好好的，可一旦上来一位异性坐在自己身边就会变得坐姿僵硬，严重者连呼吸都会变得困难。

上述就是社交恐惧症的具体分类，不是绝对的穷尽，只是挑选出一些具有代表性的分类。或许，有些人会觉得自己"占全了"并表示"没救了"，其实大可不必。这些分类虽然症状各异，但心结往往都聚焦在一两个点上，只要我们将心结——解开，所有症状也会一并消散。

你的社交恐惧症严重吗？无法控制的自我否定

当面对别人时，你会不由自主地产生各种应激反应——不知所措、勉强被动、迷茫难受……那你或许知道自己是一个社交恐惧症患者，但你或许不知道它的严重程度，它不仅会让你恐惧和回避社交，还会由此产生自轻自贱的负面心理，会让你无时无刻不在怀疑甚至批判自己，这就是一种不可控制的自我否定。

"自我否定"简单说就是脱离现实、没有限度地认为自己不够好，包含了两个方面：一是觉得自己应该更好甚至是趋于完美，二是认为自己在很多方面都很差劲。事实上，很多社交恐惧症患者知道自己患有这种症状，也意识到应该改正。于是，在他们脑中会浮现这样的念头：我不应该有社交恐惧症，我应该是一个活泼开朗的人。然而现实的情况是他们很难变成一个八面玲珑的人，这和自己认为的"应该是"就产生了极大的落差，于是，就回到了起点——"我原来就不是一个活泼开朗的人"，由此形成了自我否定的恶性循环。

自我否定的可怕之处在于，它是一个无限循环的存在，每次都是先承认自己身上的不足，然后给出一个截然相反的、不切合实际的预期，而当自己发现这个预期无法实现时，就会默认自身存在的不足是无法改变的。通常，当社交恐惧症比较严重时，自我否定的"无限循环"也会加速，无论怎样劝说自己都无法打破这个怪圈。

在此，我们将社交恐惧症患者的思维怪圈清晰地表达出来：恐惧社交——回避社交——自我否定——加深恐惧。

虽然自我否定听起来十分可怕，但其实从哲学的角度看，自我否定也是一种手段和动力，能够驱使人不断成长，它的核心是让人承认自己的不足，一个人如果敢于承认自己的不足，也是勇敢和智慧的表现。但是，体现在社交恐惧症患者身上的自我否定显然是消极的，这是因为自我否定本身就代表着两种后续选择：一种是不断进取，另一种是一蹶不振。

在社交恐惧症患者的世界里，自我否定没有为他们提供进步的动力，反而成为进步的障碍。因为他们看不到自我否定赋予自己的力量，只能看到它如同一片阴云笼罩在自己的世界，遮挡了生命的全部阳光。因此，很多社交恐惧症患者经常挂在嘴边的话就是"我不行""我做不到"等。或许在旁人看来这是一句自嘲，而对于很多社交恐惧症患者来说，这些话会伴随他们一生。无论是工作还是生活，无论面对家人还是外人，他们都会用"我不行""我做不到"做最后的定论。

既然自我否定会对社交恐惧症患者产生消极影响，我们就应该对其进行溯源，从源头上进行封堵或者疏导。一般来说，自我否定源于两个方面：一个是源于自我的恐惧，另一个是源于他人的恐惧。

源于自我的恐惧，就是没有外界的刺激而自发产生的恐惧，也可以理解为是一种偏执心理，总是担心自己的某种成功特征要弱于对方。比如，看到别人穿着时尚、举止得体，就会下意识地担心："如果别人看到我和TA在一起，一定觉得TA比我更优秀吧？"于是，在这种自我恐惧之下会诞生出若干自我否定："对方的精神面貌比我好""对方的眼光比我强"……，这些自我否定会让社交恐惧症患者无法专心做事，也无法专心和他人交流，总是处于精神恍惚的状态中。

事实上，很多所谓的"成功特征"是比较主观的。比如，穿衣打扮各有各的风格，有的人就是穿正装帅气，穿休闲装却很普通。同样，精神面貌也很难量化，有的人走阳光健康的路线，有的人则是走冷静沉稳的路线，没有统一的标准，所以源于自我的恐惧人部分都是自寻烦恼，只要你能认真剔除那些庸人自扰的部分，就会减少自我否定的频率和强度。

源于他人的恐惧，就是对外界的刺激产生的负面情绪的反应。比如，一个同事与你擦肩而过却没有和你打招呼，你会觉得对方瞧不起你所以才装作没看见，这还只是轻度的归因，重度的归因会认为："既然TA瞧不起我，是不是公司其他人也瞧不起我？老板是不是也打算把我解雇了？"

和源于自我的恐惧相比，源于他人的恐惧更难处理，因为毕竟存在一定的"客观证据"，不是简单的自我安慰就能消除的，所以最有效的办法就是用自己的心理去套用对方的心理，从而弱化自我否定的意识。当同事看到你不打招呼走开时，你可以想想自己因为社交恐惧而特意绕开对方时的心理，由此可知对方躲着你走不是讨厌你而是因为对方也恐惧和人打招呼。因为你有相同的经历和感受，这种立场互换就会显得非常真实，也更容易说服你不盲目地否定自我。

自我否定会产生焦虑，而焦虑原本不是坏事，它能够帮助我们提升行动力，但是过度的焦虑就会成为无法破解的习惯，焦虑过后产生的就是强烈的自卑。当然，这种被焦虑浸泡过的自卑是过度的自卑，它不会促使人们去改进自我，反而会使人们陷入自我否定的深坑之中，他们意识到自己做什么都无法成功，不如一开始就什么都不做。

现在问题来了，当一个社交恐惧症患者面对新鲜事物时，他们心中难道没有好奇心吗？有，但是他们的好奇心会被恐惧吞没，冥冥之中会有声音不断刺激他们：别去尝试你不了解的东西，你可能会颜面尽失！于是，社交恐惧症患者就退却了。同样，在面对一个让社交恐惧症患者产生好感的异性时，他们也有想要了解对方甚至与对方发展关系的诉求，然而那个幽灵般的声音再度传来：别去接触你还不认识的人，你可能会狼狈而归！

答案已经很清楚了：当自我否定变得没有限度时，人不会被现实打败，而是先被自己的过分焦虑和自卑所打败。所以，要想走出自我否定的阴影，除了从自我和他人两个源头上进行封堵和疏导之外，还要学会控制否定自己的程度，最简单有效的方法就是"给自己特权"。

很多社交恐惧症患者的共同点是，不承认自己当下的状态，也就是说觉得自己还不够好、认为自己不该输等，简言之就是苛求自我。于是，就会陷入纠结徘徊的状态中。其实，应对这种心理的解药就是反其道而行：允许自己不够好，允许自己低头。打个比方，你和同事都在做一个项目，你发现对方的进度比你快，你没有马上鞭策自己反而是先否定了自己的工作能力，这就是错误的想法；你应该试着作出解释：同事经验比你丰富，人脉比你广博，客户都是熟人，所以短时间内超过你是正常的，但只要你坚持做下去，就不会被对方甩得太远甚至有反超的机会。这样一来，你就会把注意力从"否定自我"转移到"激励自我"上。

当适度放宽对自己的苛求时，你才有机会慢慢走出自我否定的阴影，重新回到阳光下。这不是一种阿Q心理，而是让我们正视现实：人与人的确存在差异，每个人在不同阶段的状态也不同，巅峰期的对手就是要强于低谷期的你。所以，我们应该放平心态，允许自己不够好，这不是默认"我是废物"，而是给自己一个喘息和反思的机会。我们不必时刻都在赛道上追赶对手，也应该适时静下心来好好复盘和修整一番，这不是怯懦，而是为了明天大踏步的前进而蓄力。

人际关系难经营，左右逢源难做到

当你穿鞋准备出门上班时，忽然听到隔壁邻居开门的声音，你是不是会下意识地关上门等邻居走了以后再出门？有意思的是，这样做不是讨厌这个邻居，而是因为与对方打照面之后要寒暄几句，甚至可能对方还会等你一起进电梯，而避免这一切发生的最好办法就是回避对方。

虽然这看似是社交恐惧症患者的"生存策略"，但你是否想过，或许和邻居交谈一番你会发现对方的工作正巧和你的业务有联系，很可能你本月的业绩就此达成了呢？其实这并不是一种臆想，在现实生活中是真实存在的，然而这一切都在你关门等待邻居离开后戛然而止了。

社交恐惧症患者的世界是封闭的，或许封闭对一部分人来说意味着安全，但这种安全是以牺牲绝大部分的社交生活为代价的。交流是促进人际关系的重要手段，没有交流的社交是不存在的，它意味着我们与他人的联系陷入了"静止"和"无声"状态，即关系得不到升级和优化。

如果把人际关系比喻成流动的水，那么社交恐惧症患者的人际关系就像是冰，反观那些社交高手，他们的人脉之所以能够一天天地壮大，是因为他们让水充分流动起来了，他们和他人保持密切的关系往来、互帮互助、思想意识上的求同存异。正是有了这种流动，人际关系才能在保鲜的基础上逐步升级。

社交恐惧症患者之所以不会经营社交关系，除了本能地回避与人交往之外，还存在一个重要的心理症结：害怕给别人添麻烦。在社交恐惧症患者看来，求人办事会欠人情，从而给自己平添压力；另外他们也担心求人办事时会遭到对方拒绝，到时候脸面又难以保全。

其实，求人办事并不会破坏社交关系，相反很多时候还会成为社交关系的润滑剂。因为欠了人情，你才有机会正大光明地偿还，而这种偿还不是数学层面减一加一，而是心理层面的距离拉近，正是这种变化才促使人际关系更加密切。

当然，对于社交恐惧症患者来说，他们给出的理由是自己恐惧社交所以不敢深入，最多维持一下点头之交，而恐惧是难以克服的，何必强求呢？其实，我们对恐惧应该有正确的认识，它是一种强大的且有必要存在的力量，能够让我们知道环境中存在的敌对事物并对其作出正确的反应，就像一只羊不害怕狼的结果必然是被吃掉。但是，如果羊因为对狼的恐惧而整天提心吊胆，不敢进食，不敢睡觉，那么没等被狼捕获恐怕就惊悸而死了。

按照上述逻辑可知：当我们恐惧社交时，首先要分辨我们恐惧的是哪些具体的社交行为，如果是那种无效社交（无聊的聚会）

或者是我们极度讨厌的人，这种恐惧是合情合理的；但如果我们连同事之间的正常聚会也不愿参加，那就会失去在职场上左右逢源的基础，而这种恐惧就是过度焦虑引起的。

焦虑会让我们回避导致自身恐惧的所有场合和情境，最终产生拒绝社交的恶性循环。有些社交恐惧症患者认为这是自我保护，但事实上，越是默认这种恶性循环的存在，它们的破坏性就会越强。

有一个不可回避的事实，那就是很多社交恐惧症患者不仅面临社交生活的匮乏，还要面对生活的贫困，因为你不敢在面试时展示自我，也缺少朋友或者伴侣的帮助，你的人际关系经营能力几乎为零，它的负面影响已经从你的社交生活延伸到了现实生存层面。

一位北漂的编剧，受到职业的影响特别喜欢观察人，却很少和被观察的对象产生交集。原因是他不喜欢和陌生人说话，也觉得和对方不是一个圈子里的人，交往完全没必要。在这位编剧看来，他就是靠写剧本为生的手艺人，只要剧本写的精彩，总会有人欣赏，就像一个埋头苦干的工匠不会吃不饱饭一样。相反，那些把写作的精力抽出一部分用于经营人际关系的编剧，在他眼中是如此的世俗和平庸。

这位编剧的观点是不是得到不少社交恐惧症患者的认同呢？实际上，这位编剧很清楚上述观点无非是为他的社交恐惧症寻找的借口罢了。这个借口带来了什么影响呢？北漂十年，他自认为是朋友的不超过五个，在如此少的人脉中，他的剧本几乎没人关注，最终不得不离开影视圈。离开这个圈子也没有给他带来新的转机，因为他忽然发现自己就是一个社会"小白"，不仅圈子小得可怜，掌握的生存技能也十分有限，这让他陷入窘迫和尴尬的境地，而在此之前。他甚至还把朋友少这种事当成炫耀的资本。

广交朋友确实会消耗很多精力，尤其是过度的社交，它会让人丧失提升自我的时间。但是，我们不应该全盘否定交友的重要性，我们提倡的社交并不是迅速跟所有人成为朋友，而是要有目标地去建立跟这个目标有关的人际关系。

目标，就是社交恐惧症患者打破社交障碍的关键步骤。

很多社交恐惧症患者恐惧与陌生人交流，是因为设定的预期偏离了人际交往的初衷，比如"我和他兴趣爱好不一样根本谈不来""对方看起来年龄比我大，估计有代沟"。在这种歪曲的评判标准下，没有什么人是值得交往的。

其实，你认识的人多了，他们来自各个行业，拥有不同的阅历，在未来和你产生交集的可能是存在的。因为他们各自掌握的技能和积累的经验不同，所以会从更全面的角度为你提供思想上的指导甚至是行为上的帮助，他们对你并不局限于"谈得来""没代沟"这些初级层面。为何很多社交恐惧症患者的事业之路不够顺畅？就是因为极度缺少外界的指引和帮助。

想要跟任何人撇清关系、想要远离人情往来"洁身自好"的社交恐惧症患者，会成为被人冷落甚至遗忘的边缘人。从某种意义上讲，独来独往在这个需要彼此合作的时代已经算不上值得夸耀的特质了，至少我们不应该把独来独往狭隘地理解为"我不需要别人进入我的世界"，那样可能听起来很酷，但个中滋味只有自己知道。

为何10个年轻人有9个说自己有"社交恐惧症"

网上曾经有人调侃，现在10个年轻人里9个有社交恐惧症，还有1个离社交恐惧症也不远了。这确实有根据，《光明日报》的"青年说"曾经发起了一次网络调查，在参与投票的2532名网友中，居然只有69人表示自己没有社交问题，97%的参与者都存在回避甚至恐惧社交的现象。而且，在微博上，诸如"超九成大学生有不同程度社交焦虑""当代社交恐惧症患者最想逃离的瞬间"等话题每次都有超高的关注度和讨论度。

现在问题来了，大家明知道社交恐惧症并不正面，为何人人都主动给自己贴上这个标签呢？是他们真的患有社交恐惧症还是给自己"误诊"了呢？其实，年轻人之所以言必称社交恐惧症，主要有以下三种原因。

第一，对线上社交形成了路径依赖

在互联网时代，很多人都有社交媒体账号。社交媒体的普及似乎并没有让社交方式变得丰富多样，反而变得单一起来，即依赖于线上社交而疏于线下社交。年轻人中的社交恐惧症患者，简单说是不知道该如何在现实中开口说话，他们大多数并非缺乏社交能力，只是单纯地不想参与线下社交。如果你和他们在线上交流会发现他们一个个都是口若悬河的交际大师，然而一转入线下就变成了社交恐惧症患者——表情木讷，语言贫乏……

事实上，自称社交恐惧症患者的年轻人只是受到网络社交的影响，改变了他们的社交行为，产生了一种路径依赖。因为在线上大家很容易融入一个小圈子。比如，A说自己喜欢某座城市，B马上可以接话说去过那座城市表示赞同。偏好筛选非常简单，其他人不喜欢就可以不用发言。然而在进入线下社交模式以后就不同了：A说自己喜欢某座城市，B即使不喜欢，但会受限于双方的社会关系和社会地位而敷衍一句，并不会直接反驳，也不好默不作声，而A实际上也能慢慢察觉出B不是真的喜欢那座城市，双方就会陷入一种虚假的同好关系中，话题不好转移又没办法深入。通过这种对比，年轻人就越来越倾向于线上社交，因为只有在这种情境中才能满足他们对理想社交的种种诉求。

在虚拟的网络世界中，所有紧张的情绪、不自然的动作都可以被很好地掩盖起来。这种交流排除了表情、动作以及语气的信息传递，让年轻人感受到前所未有的轻松。他们可以不用秒回信息，可以反复修改要发出的文字内容，甚至叫以快速地撤回消息，这些都是在线下社交无法做到的。当然我们也应该看到，正是相对宽容的网络社交环境，从客观上加剧了年轻人对线下社交的恐惧，由此形成了不良循环。

第二，抵制无效社交的有效说辞

很多不好拒绝又让人心累的社交行为，是年轻人产生社交恐惧的主要原因。线上有常见的朋友圈求点赞、求投票等，线下有让人无法拒绝的酒局或者集体活动，都让人倍感心累，这些都给年轻人带来了社交压力，甚至成为一种无形的精神绑架，既让人无法拒绝又只能不甘心地接受。另外，当代年轻人思维活跃且多样，非常容易和他人产生认知差异，在面对争论时又不想破坏关系，所以只好选择沉默，于是"社交恐惧症"就成了最理想的挡箭牌。

从个体心理的角度看，当代年轻人更注重自我，也更切合实际。他们不会过多地为了面子而委屈自己，只要自己感到难受，大概率会选择简单粗暴的解决方案，所以他们才会直接甩出"社交恐惧症"来避开大部分社交活动，宁可独自一人看看剧、玩玩游戏，至于拒绝社交所带来的负面影响，基本上不在他们的考虑范围之内。

第三，维护自身的正面形象

年轻人的社交恐惧症，从另一个侧面展示的就是"在意自己的社交形象"，所以他们才尽可能地回避线下社交。因为线下社交会暴露出更多真实信息，比如精神状态、身体状况、收入现状等。简单说就是你过得好不好，在线下很容易被人观察出来，这些都是年轻人不想展示给外人看的。

曾经在一项对微信朋友圈的调查中发现，超过50%的人习惯在朋友圈中展示积极的情绪，只有不到2%的人愿意展示负面情绪。事实的确如此，线上社交会遮挡很多个人的负面信息：脸色不好开个美颜就行了，身材不好直接文字聊天就行了，收入现状更不可能在线上被人了解。当然，让别人看到自己好的一面无可厚非，但这种社交习惯却变得越来越不真实，结果就变成了人人都是精神饱满、身材完美、事业有成的完美形象，而这种虚假的状况进一步加强了人与人之间的疏离感。

其实，真正的社交恐惧症群体绝不是年轻人所表现出的这样。他们在公开场合会焦虑不安，还会有心跳加剧、脸红颤抖等生理反应，而大多数年轻人的"病症"只是顺遂内心地自甘成为社交恐惧症。于是，又一个问题出现了：当代年轻人真的不喜欢社交吗？

答案是否定的，从年轻人热衷网络社交就可以看出，他们是渴望交流的，只是在新的时代背景下，他们眼中的社交和之前的传统社交有很大不同，那就是有尺度的社交：上门拜访之前先打个电话、能发文字消息就不要直接语音聊天……年轻人对那种朋友突然造访的生活十分排斥，他们渴望拥有独立自主的社交空间，在这个空间之内是不希望被打扰的。不过，现实情况是有些人不能把握好这种社交尺度。于是，年轻人就果断选择了回避，用最安全的方式有限度地社交。

嘴上喊着有社交恐惧症，心中渴望社交，这就是当代许多年轻人的矛盾写照。当然，我们无权指责这种社交态度，只是对于那些强烈渴望社交的年轻人来说，他们多多少少失去了一个更广阔的与人亲密交流的世界。在那个世界里，他们原本可以意气风发、潇洒无畏，在面对面的交流中诉说自己的喜怒哀乐。

烂好人往往有一堆烂摊子

电视剧《欢乐颂》中有这样一段情节：关雎尔每天都熬夜工作，她的工作量原本没有这么大，只是因为无法拒绝同事的要求，比如同事生病了想要她帮忙，结果她一个个答应下来，给自己揽过来一堆烂摊子。后来，安迪告诉关雎尔，公司里分配给谁的工作都是有计划的，领导也只是看最终的结果，而不看是谁参与了这个过程。关雎尔的好心和付出在职场上一文不值，这就是烂好人的真实处境。

在我们身边有无数个关雎尔，他们看起来脾气好、面子薄、不记仇，旁人随便提点要求就能答应，以至于他们原本可以用来提升自我的时间都浪费在不重要的事情上。他们之所以这么做，是因为有社交恐惧症，他们不能以正常人的思维和方式处理社交中较为棘手的问题，而且容易陷入三个误区之中。

第一，误以为帮助别人能够获得更多的朋友

对于社交恐惧症患者来说，通过日常聚会、上门互访等方式收获友谊是想都不敢想的事情，在他们眼中那都属于"成本巨大"的投入，但他们也知道人在江湖离不开朋友的道理。于是，当别人有求于自己时，就忙不迭地答应下来，用一句"好的"完成了一次社交，因为他们认为帮助他人之后就能增进双方的关系。虽然帮忙要付出辛苦，但是在社交层面属于"成本低廉"的投入，对社交恐惧症患者而言是相当"划算"的事情，所以他们才成为不会拒绝的烂好人。

第二，误以为帮忙是高价值社交

由于社交恐惧症患者参与社交活动的经验少，所以他们很难辨别出无效社交和高价值社交，更难以辨别真朋友和假朋友。他们只是单纯地认为，帮助别人也是一种社交行为，而且这个过程不需要过多地交流，自己付出一点时间和精力没什么大不了的。于是，就答应了。然而，事实却是对方只是在求你帮忙的时候才做出和你十分亲密的样子，在他们眼中这不是正常的社交。于是，当你帮了忙之后，对方马上回到自己的小圈子里，你们关系的进度条最多只是推进了0.1%而已。

第三，误以为自己付出了极小的代价

对社交恐惧症患者来说，与其壮着胆子向请求帮忙的人说不，不如咽下苦果一口答应下来，毕竟只是耽误"一点时间"罢了。然而，事实上你损失的却是"机会成本"。"机会成本"指的是我们去做某件事而丧失做其他事的机会。比如，一个关系一般的同事让你帮忙替班，可原本这段时间你应该去参加线上教育。或许就是这次时间被占用，导致你后来的考试成绩不理想，进而让你放弃了线上教育，自然你的职业成长也受挫了。相反，当别人开口相求时，你能大胆地拒绝别人并名正言顺地给出一个理由，无惧对方的情绪变化，这些后果就不会由你来买单了。

为什么有的人敢于拒绝别人，不去当一个烂好人？是因为他们敢于直面恳求者遭到拒绝后的变脸。这对社交恐惧症患者来说意味着别人对自己的"差评"，但其实这并没有让你损失什么，因为你捍卫的是自己的权利，失去的不过是一些无足轻重的"你人真好""有空找你玩"的评价和承诺罢了。

克利夫兰从小就是一个流淌着反叛基因的人，家人期望他成为一个神职人员，然而克利夫兰却不认同这种生活方式，他希望成为华盛顿那样伟大的杰出人物。中学时代，克利夫兰的父亲去世，家中经济拮据，他无法继续求学，只好辍学打工。所幸遇到一个好心人愿意资助他继续念书，但是对方提出了一个条件：让克利夫兰从事神职工作。克利夫兰一口回绝，然后选择了一边打工一边念书的生活。终于，在22岁时通过了国家律师考试。经过几年的奋斗，克利夫兰成功当上了法官并变身为一个"狠角色"。他虽然清正廉洁但经常拒绝别人，得罪了不少人。后来，当克利夫兰成为布法罗市的市长时，人们送给他一个"否决市长"的绰号。1884年，克利夫兰被提名为民主党总统的候选人并成功击败了竞争对手，成为美国第22任总统。然而克利夫兰的传奇并没有结束，在他任期结束后连任失败。后来，在1892年的竞选中再次获胜，成为第24任总统。有人统计过，在克利夫兰任职期间，先后否决了584件国会法案。

克利夫兰并不会为迁就他人而改变自己的想法，看似在毁掉自己的前途，却让他坚持了自己的人生规划和人生态度，把有限的精力集中在提升自我上，而这种强烈的原则性也捍卫了他的声誉，让更多的人坚定地认为他是一个值得信赖和仰仗的领导者。

社交恐惧症患者在意别人的评价，其实是放大了内心道德法庭对自己的审判。拒绝别人时总会觉得自己在社交中是失败的，会被越来越多的人讨厌，而轮到别人拒绝自己的时候却总是给对方找借口，不敢在言辞和态度上表达出真实的情感，无法像克利夫兰那样洒脱和坚持。

我们需要知道的是，愿意当烂好人的社交恐惧症患者虽然获得了"和谐"的人际关系，但是也在一定程度上丧失了自我。对所有人的顺从和妥协意味着毫无原则，也意味着没有尊重自己的人生。这种因社交恐惧症而起的服从型社交，在旁人眼中就是任人驱使的"工具人"，而且社交恐惧症患者不善表达，会让人认为他们就是没有情绪波动、没有主见的"小透明"。这种人注定不会拥有精彩的人生，因为没个性、没原则的人连配角都不算，只不过是群演而已。

与人为善是好事，可如果不懂得拒绝，不懂得坚守自我，只会让别人得寸进尺并且遭到轻视。生活不是用来将就的，你表现得越卑微顺从，越在意对方的评价，那么真正有价值的东西就会离你越远。因为你的怯懦注定要把好东西让给别人甚至被别人轻易夺走，而留给你的只有一堆烂摊子，你的社交恐惧症将让你背上数不尽的负担，这样的人生是你想要的吗？

PART

客观地讲，和陌生人打交道是一件不容易的事，也是一件让人不舒服的事。因为我们不了解对方的脾气秉性，稍有不慎就可能惹怒对方，而要承担的后果是未知的。这种战战兢兢的状态连普通人都难以承受，更不要说社交恐惧症患者了。

02

没错，这就是我了

群聊响喇叭，见面大哑巴：绝不电话！更不视频

大家有没有这样一种感觉：年轻人的社交能力似乎在整体上处于退步状态。

仔细分析一下，从80后开始，一直到90后乃至00后，独生子女占据了大部分，很多人没有和兄弟姐妹一起成长的经历，而父母那辈人又赶上国家经济发展的重要阶段，导致他们缺少亲子时间，因此孩子能够参与的社交活动十分有限，导致这几代人从先天环境上就存在缺失。

综艺节目《各位游客请注意》中有一期明星和素人共同参加跟团旅游。每个嘉宾各自走一条旅游路线，跟团的素人们彼此都不认识，为了提前熟悉一下就拉了一个群，参加者进群之后立即愉快地聊起来，然而带队的艺人却表示：现在群里这么热络，见面时一定非常尴尬。

相信这句话是被很多人认同的"人间真实"：当代的年轻人隔着网络都是响喇叭，然而一见面却个顶个的是大哑巴。后来的事实证明，那位艺人的预言是正确的。大家在上车之后只是平静且尴尬地打完了招呼，然后就假装看风景不再有任何交流。大家看似都把视线投向窗外，然而注意力其实都在车厢里，却没有人愿意打破这种沉默。最后，两位年过六旬的阿

姨上车之后，尴尬的气氛才终于消除。

其实，之所以出现年轻人和阿姨的社交能力差别，正如我们之前分析的那样，和成长的环境有很大关系。90后开始的年轻人，几乎从小生长于网络社交时代，所以他们习惯在网上表达自己的喜怒哀乐。于是，他们也理所应当地患上了"视频恐惧症"和"电话恐惧症"。

"视频恐惧症"很好理解，它让躲藏在文字和语音交流背后的年轻人不得不面对一个真实的人。虽然这种真实只是图像上的真实，但是没有了文字的保护就丧失了大部分的安全感，你的一举一动都能通过网络信号传输被对方获知。对于社交恐惧症患者而言，自己想要掩盖内心世界的想法落空了。更糟糕的是，对方问你什么你就要马上给出回答，没有思考的空间和转圜的余地。

除了不能隐藏内心世界之外，对身处环境的"暴露"也是对视频通话恐惧的原因。只要打开视频，对方就有机会看清你身处的环境：你的卧室可能是凌乱的，身上穿着的二次元睡衣暴露了平常的样子，书架上的手办又可能被不懂行的人认为是"幼稚贪玩"……而这一切都是社交恐惧症患者原本要极力掩盖的事情。更让人担心的是，随时随地的视频会让人时刻处于神经紧绷的状态，你不能不修边幅，也不能衣着不整，更不能邋遢随意……你精心维护的形象、你苦心捍卫的隐私，都可能因为一次视频而付诸东流。

其实，从保护个性自由和生活自由的角度看，如无必要，视频通话的确是有可能冒犯到他人的。只不过在社交恐惧症患者的世界里，这种"冒犯"的门槛非常低，哪怕是对方提前通知要视频，也会产生强烈的抗拒心理。因为在他们眼中，视频就像是开启了一扇哆啦A梦的"任意门"，对方会突然降临在自己的世界里。

如果说社交恐惧症患者拒绝视频有充足的理由，那么恐惧电话又代表着什么呢？

说起来，"电话恐惧症"并不夸张，想想看，你是不是经常习惯让电话处于静音状态，能发文字信息就绝不打电话，对于陌生的未接来电绝对不回拨。如果有上述症状，那恭喜你，你就是一个电话恐惧症患者。

不夸张地讲，"煲电话粥"这个词似乎停留在了20世纪。美国有一项研究数据显示，在2011年，每天人均会接到12个或12个以上的电话，但是在2015年这个数字就下降到低于6个。从表面上看，移动电话的出现让人们对通话这种沟通方式越来越熟悉，而它在客观上也在人们的生活中渗透得越来越深。然而有意思的是，人们却对打电话的接受程度越来越低，尤其是年轻人。

英国心理学家的研究显示，大概有10%~15%的年轻人存在电话恐惧的现象。该症状的表现就是害怕听到电话铃声，在拨打电话的时候明显变得紧张不安，严重者甚至还会双手颤抖，在通话的过程中则一直有想挂断的冲动。现在问题来了，为什么社交恐惧症患者可以接受网络沟通，却不能接受电话沟通。

明明手机是社交恐惧症患者再熟悉不过的东西，又不用面对面地聊天，为何他们还会如临大敌呢？

对社交恐惧症患者来说，他们会把自己最真实的一面小心地保护起来。文字聊天就是最安全的保护伞，它能让我们有时间整理思路，有时间编辑文字，还可以通过各种语气助词、表情包和图片来完整传递我们的情绪。而面对面的沟通就增加了难度，所以他们讨厌线下见面和视频聊天。同理，语音沟通虽然能隐藏我们的真实形象和身处的环境，但由于注意力都集中在对方的声音、语调、气息等因素上，他们的内心世界又被人掀开一角，虽然不大，却完全有可能暴露出内心世界的一部分，所以当电话铃声响起时，意味着他们要被立刻卷入到一段人际关系中，在这个交互的过程中无法自主暂停或者退出，让他们全程都会有一种失控感。

从这个角度看，无论是对电话的恐惧还是对视频的恐惧，其实反映的是社交恐惧症患者对自身世界的掌控感，他们渴望获得最大限度的自由和隐私，不想成为被电话和视频胁迫的人。那么，站在外人的角度，如无必要，我们的确也应该将文字沟通当成是默认的交流方式，这样既能照顾到对方的感受，也能确保我们在对方情绪正常的状态下沟通，对彼此都有利无害。

那么，作为社交恐惧症患者本人，对视频和电话的恐惧也不必完全放在心上，因为很多时候我们恐惧的不是视频和电话这两类交流方式，而是和我们交流的那个人。如果是一位朋友与你视频或者电话，你大概率是不会如此恐惧的，所以问题的症结不完全在本人，而是在这个个人隐私和自由被无限剥夺的时代。既然现实难以改变，我们能做的就是尽量地规避。比如，在上班时间将工作处理好，下班后在手机上设置"语音接听助手"等功能，让总是打电话给你的人意识到你处于忙碌状态，尽力拉开距离，划清工作和生活的界限。而当我们的自由受到尊重和保护时，我们心中的恐惧也会随之减轻。

陌生人让我出汗、脸红、声音颤抖、大脑空白

近几年，法国哲学家萨特的一句名言经常出现在互联网上，那就是"他人即地狱"。这句话出自萨特的戏剧《间隔》（又叫《禁闭》）。剧中有三个亡灵在地狱中互相隐瞒、戒备、封闭和折磨，每一个都扮演着受害者和刽子手的双重角色：既成为别人的障碍，同时又让自己堕入深渊。尽管他们身处地狱，但他们之间的敌对关系却变成了更加恐怖的地狱，最终名叫加尔森的亡灵顿悟："我万万没想到，地狱里该有硫黄，有熊熊的火堆，有用来烙人的铁条。这真是天大的笑话！用不着硫黄、火堆、铁条，地狱就是他人！"

"他人即地狱"之所以在当下被广泛流传，有社交恐惧症患者的一部分功劳。因为从字面意义上看，这句话十分震撼地描述了社交恐惧症患者对他人、对社交关系的内心写照，尤其是面对一个完全不了解的陌生人时，对方可能有暴力倾向，可能是一个油嘴滑舌的骗子，也可能是精神状态不稳定的疯子……正因为我们对陌生人一无所知，才会在毫无防备的情况下遭受到伤害，轻者是财产和情感受到损失，重者可能会失去生命。于是，社交恐惧症患者一看到陌生人，所有的不安情绪和不祥预感就会转化为出

汗、声音颤抖、大脑空白……

　　客观地讲，和陌生人打交道是一件不容易的事，也是一件让人不舒服的事。因为我们不了解对方的脾气秉性，稍有不慎就可能惹怒对方，而要承担的后果是未知的。这种战战兢兢的状态连普通人都难以承受，更不要说社交恐惧症患者了。

　　在社交恐惧症患者的认知里，他们不是毫无来由地害怕陌生人，而是在信息爆炸的时代，很多负面的社会新闻每天都在播报着"陌生人的恶意"，让他们对陌生人产生了强烈的抵触感。即便在一个相对安全的环境里，即便在有熟人介绍的前提下，陌生人依然会让社交恐惧症患者无法接受。因为他们的内心都是敏感的，他们想要赢得对方的好感，但又忌惮因为彼此的价值观不同、知识体系不同、性格不同等固有矛盾而发生冲突，而这种冲突是他们无法用少得可怜的社交经验来解决的。于是，就产生了强烈的恐惧感与排斥感。

　　不幸的是，社交恐惧症患者对陌生人的恐惧不能真的为他们设置一个安全区域。因为在正常的社会生活中，很多人是不得不接触的，毕竟"人是社会关系的总和"，人们总是会随着年龄的增长而被赋予越来越多的角色和身份，所要面对的人自然也越来越多。从校园时代的老师同学到步入社会的同事领导和客户，生活中总是会遇到不得不交往的陌生人，或多或少会产生一种牵绊，这种牵绊会让社交恐惧症患者觉得自由被限制了，无法随心所欲地生活。于是，为了传递出一种抱团取暖的共识，就渐渐地让"他人即地狱"这句话流行起来。

事实上，"他人即地狱"这句话本身就有着多种解读，萨特对此的解释是："有人以为我的本意是说，我们与他人的关系总是毒化了的，总是地狱般的关系。我是说，要是一个人和他人的关系恶化了，那么，他人就是地狱。"

于萨特而言，他人的存在的确对"我"会产生一种障碍，但绝非是像《间隔》这部剧中描绘的那样夸张，毕竟剧中的人物本身就是有罪之人，他们的互为地狱有着因果关系，是一种被扭曲、被破坏的非正常关系。

对社交恐惧症患者来说，了解一个陌生人所需要的社交成本很高，而要接受一个陌生人并与之建立良性的关系要投入更高的社交成本，这道天然的门槛已经让他们望而却步了，加之一些负面社会新闻对他们形成了"信息茧房"，更强化了"可怕的陌生人"的刻板印象。事实上，如果单从人身安全的角度看，熟人之间的伤害绝不比陌生人的伤害小。

我们害怕陌生人，是因为在潜意识中将自己与他人对立起来，在尚未进行社交之前产生了先入为主的认知，这一切又都是以自我为中心的。在这种前提下，陌生人必然会被贴上更多的负面标签。

要想走出害怕陌生人的困境，无外乎两条出路：消极应对和积极应对。

　　消极应对，就是继续保持自己的观点，回避一切和陌生人产生交集的可能。但我们其实很清楚，越是坚持这条路线，我们对陌生人的恶意就会越大。

　　一位女士在快餐店买了一份薯条，发现店里都坐满了，只好和另一个男人拼了一张桌子，然而在她放下包开始吃薯条时，竟然发现对面的男人伸手拿她的薯条吃，女士非常愤怒地看着男人，而那男人竟然也面目凶恶地看着她。一瞬间，这位女士感受到了来自陌生人的恶意，但她又不敢和陌生人沟通，只好任凭对方继续吃自己的薯条。然而当用餐结束后，女士起身时才发现，她购买的薯条一直被压在她的皮包下面——原来她吃的是男人的薯条。

　　这是心理学研究中的经典案例，在人际关系发生冲突时，我们总会以己方的视角去看待陌生人，并轻易给对方安上"恶人"的名头，殊不知我们在对方眼中才是真正的恶人。这类误会原本可以通过几句对话避免，但案例中的女士显然有社交恐惧症倾向，宁肯自己"吃亏"也不想和对方沟通，结果自己成为"可怕的陌生人"，这就是消极应对的结果。

　　如果我们选择积极应对，就不需要过分改变本心。我们可以对陌生人保持基本的警惕性，甚至也可以为了维持表面的和谐"献上"客套之词，但不必完全拒绝和陌生人沟通，特别是当认为自己的利益受到侵害时，要大胆地讲出来，否则我们很可能会成为吃别人薯条的恶人，而这样的社会评价，相信是所有社交恐惧症患者都无法接受的。换个角度看，我们不是强迫社交恐惧症患者去参与社交，而是至少能够主动地化解社交中的误会，维护基本的社交形象。

他人可以是地狱，也可以是天堂。生活中有恶意的陌生人，也有善意的陌生人。正如那个默许对方吃自己薯条的男人，他起初可能厌恶对面的女士，但后来也可能认为对方是真的饿急了，所以并没有戳破真相。面对陌生人，我们需要撕开的不是保护罩，而是那道以自我为中心的边界。边界一旦突破，他人也可以是天堂。

当众发言尴尬至极

如果有人问你，什么是人类最恐惧的事情？估计你可能会说是死亡，然而美国心理学家对3000人进行测验之后得知，大家最担心的事情是当众演讲。这个答案占比达到了41%，而死亡仅仅排在第五位。

或许你对这个调查不置可否甚至心存怀疑，那可能是因为你没有代入到当众演讲的情境中。

现在请想象一下，在你被逼着要当众演讲时，你会有什么样的表现呢？第一种是站在台上娓娓道来，能够大胆地和台下上百名听众进行眼神交流或者语言互动，演讲结束后你会有意犹未尽的感觉，听众也会沉浸在被你调动的热烈气氛中久久回味。好吧，你可能会说，这个绝对不是你！

再来想象一下，在你站在台上准备演讲时，你的心已经开始止不住地狂跳了，你多次想找个借口拒绝却开不了口。当你的演讲开始之后，你只能结结巴巴地背着稿子，完全没有现场发挥的能力，而当你的视线和台下的听众接触时会马上躲开，而你在发现一些听众心不在焉时会产生更强烈的挫败感，恨不得找个地洞钻进去。没错，这回你终于承认自己的恐惧了。

对社交恐惧症患者来说，当众发言意味着自己要面对若干个人的注意和审视，自然也会引起最严重的焦虑。这种焦虑的核心在于害怕自己表现出来的脸红出汗或言行无趣等会引发别人对自己的负面评价，比如轻视自己甚至被冒犯等。

话说到这里，估计有社交恐惧症患者会提出异议：既然当众演讲是很多人都担心的事情，那为什么只盯着社交恐惧症患者不放呢？的确，单从是否焦虑这个角度看，绝大多数人都会害怕当众演讲，但真的走上台之后，多数人还是会尽量地调整和控制情绪，至少不会有明显的出汗、紧张、语无伦次等情况，最多也就是表达不够流畅清晰、举止有些拘束罢了，这和社交恐惧症是完全不同的状态。

事实上，适当的紧张对演讲者来说不都是坏事，它可以让我们更好地集中注意力，充分调动大脑，反而会临场发挥得更好。而一旦出现过度害怕的心理和表现，那就是社交恐惧症患者的专有"表情包"了。

至于为什么社交恐惧症患者如此害怕当众发言，有人认为和性格内向有关，有人认为是不善表达造成的。但是，并不能如此简单地归因。《红楼梦》中林黛玉是内向敏感型的，然而当她第一次进入宁国府的时候，言谈举止还是得体大方的，和其他姐妹交流时虽然不免言辞犀利，却也是洒脱自然的。

或许有人会说林黛玉毕竟是文学形象，不具有科学研究的价值。其实，在现实生活中，的确有性格内向的推销员。他们在生活中并不是性格活泼、喜好表达、广泛交友的人，但只要进入工作状态，他们就能和客户进行顺畅良好的沟通，甚至可以语出惊人。所以从这个角度看，性格内向和当众发言时的过分紧张没有必然联系。

现在问题已经清晰了：社交恐惧症患者在当众发言时的各种糟糕表现，不能让性格来"背锅"，而是要从心理动因上入手。其实，社交恐惧症患者害怕当众发言并不是害怕发言本身，而是太过在意别人的看法，而且对别人的表现异常敏感，所以在讲话时总是担心别人是否愿意听以及由此对自己产生负面的看法。在这种心理作用下，他们每说出一句话都是战战兢兢的，生怕犯错，哪怕只是一句口误，在他们看来也会给自己严重"招黑"，进而遭到别人的全盘否定。

当众发言的确会让人不适，想要成为一个侃侃而谈者也需要时间的历练，但不能因为害怕而彻底不发言，毕竟无论在工作还是生活中，一些场合确实需要我们表达自身想法，这也是我们的一个展示机会。既然社交恐惧症患者如此在意别人的评价，那么你从不发言表态，别人连评价都没有了，你就会彻底成为大家眼中的"小透明"，这种情况比贴上负面标签更可怕。既然如此，如何才能克服当众发言时的恐惧心理呢？

第一，摆正心态

在当众发言之前，我们要先认清一个事实：即便说错一句话甚至彻底讲砸了，也没多严重，而且这种出糗几乎会出现在每一个人身上，甚至很多见过大场面的优秀主持人也有当众出丑的时候。既然大家的遭遇都相似，那为何要如此害怕呢？没有哪个领导会因为员工的一次演讲失败而将其开除，更不会有哪个朋友因为你当众演讲出丑而和你绝交，何况一次说不好，还可以有第二次，第二次说不好还有第三次，反正你也不会越来越差，留给自己的提升空间反而更大，留给听众的惊喜同样更大，因此你大概率是会不断进步的，这么低的要求真的难为你了吗？

第二，善待自己

每个人都有不完美的地方，别说你是一个社交恐惧症患者，就算是一个依靠讲话谋生的人，也会有结巴、说错话、忘词、冷场等诸多尴尬场面。然而，这些人依然都活得好好的，大家也不会因为他们的几次失误就猛烈抨击，毕竟人无完人是基本共识，追求极致的完美并不现实，更是对自己的一种残酷折磨。相反，如果你第一次当众发言口若悬河、气氛热烈，会有人认为你是一个好出风头、喜欢说大话的人，同样躲不开负面评价，所以人要学会善待自己。善待自己就是正视自己可能会出糗。出糗很多时候不会让别人讨厌你，反而会把你当成需要关怀和安慰的人。这是真实存在的社交现象，这么低的门槛真的难为你了吗？

第三，适度练习

你不必要求自己成为一个演说家。事实上，人也很难把天生的弱点转化为过人的优点。你只需要抽出一点时间来让自己掌握基本的当众发言的技巧即可，甚至连抽出时间都不用。在平日的朋友聚会中，需要你开口的时候或者你有意见想要表达的时候，当着三五个人的面大胆地说出来，这样的场合总不会让你满头大汗吧？在你习惯了和朋友高谈阔论之后，再去和工作或者生活中结交的陌生人客套几句，你也会逐渐适应面对陌生人的交谈技巧。如果你身边有和你一样的社交恐惧症患者，你们还可以组成一个社交训练小组，一起研习当众发言的方法，学习逻辑表达、发音练习以及抑扬顿挫的模式。即使找不到一起练习的，你也可以在K歌的时候放声歌唱来练胆，这些训练都不会花费你太多的时间和精力，把它们融入生活就行了。

害怕当众发言，看似是在回避与人群接触，其实，这恰恰是社交恐惧症患者想要展示良好形象的心结所致。你总该承认自己想要展示出自信的心理吧？既然如此，你就应该摆正心态、善待自己，再通过适度练习让自己的诉求变为现实，这样有谁还不会给你一个正面评价呢？

来亲戚了？我的房间就是我的全部

似乎从小时候开始，我们就害怕社交。最明显的就是每当有亲戚来家里时，不敢走出卧室，宁可坐在书桌前假装学习也不愿意和亲戚们打招呼，直到被父母"破门而入"强行拉到亲戚面前，才怯生生地打一声招呼。然后，又飞似的躲进自己的小世界里。至于上亲戚家串门，那更是想都不敢想的事情，宁可装病蜷缩在被窝里也不愿走出自己划定好的"安全区"。

如果你以为上述表现只是青少年时期的羞涩和叛逆，那你就真的错了。事实上，这种对亲戚的恐惧心理往往一直延续到成年以后，很多人依然不愿意走出门，"春节期间，走亲访友"似乎成为别人家的事情，完全不会出现在自己的世界中。

2021年，中国社会科学院等机构联合对4000多名18-35岁的年轻人进行调研，发现40.2%的人认为自己存在不同程度的社交恐惧症。显然，在这些年轻人当中，患有"亲戚恐惧症"的也不在少数。

走亲访友，原本是一件热闹开心的事，毕竟恐惧陌生人可以解释为自我保护，那么恐惧亲戚又是出于何种心理呢？

第一，隐私的变相侵犯

对亲戚的排斥最早应该从结婚焦虑开始。很多适龄青年，每逢节假日回老家，总免不了要被七大姑八大姨盘问是否有对象、什么时候结婚等问题。与此同时，对于那些已经结婚的晚辈，很多长辈又特别热衷于询问对方的工作和收入状况。这种问东问西的"灵魂拷问"让年轻人毫无招架之功。更糟糕的是，亲戚们在"采集"完信息以后又会在同辈中进行横向对比，信息扩散以后，被询问的家长之间又会进行比较。一来二去，年轻人的隐私就被变相地暴露出来。

第二，沟通障碍

亲戚恐惧症，主要还是源于对长辈亲戚的恐惧，通常对同辈亲戚的恐惧心理要弱很多。造成这个现象的主要原因还是代沟的问题。由于长辈和自己相差十几年甚至几十年的年龄差，又缺少共同生活的基础，无外乎是每年见上一两次，所以很容易产生距离感与隔阂感，礼貌客套几句问题不大，可一旦话匣子打开，很多话题都无法继续，很多观点也难以达成共识。那么，在这样的情景下避开长辈亲戚反而成了最优选择。

第三，童年时代的恐惧

在一些家长制氛围浓厚的家族里，由于亲戚走动比较频繁，所以年轻人从童年时代就面临着被长辈亲戚"附加教育"的机会：成绩不好，父母批评完了亲戚再来一遍；举止不端，父母埋怨一顿之后亲戚"梅开二度"。还有一些年轻人有刻在骨子里的恐惧记忆：过年时叫了亲戚一声，可能是声音小亲戚没听见，自然也没回应，于是，就担心地认为不受亲戚待见。就这样，种种记忆汇集在一起之后，就形成了对亲戚的本能恐惧和排斥。

第四，对亲密关系的刻意回避

我们要承认，有些亲戚不是抱着八卦的心态去打听晚辈的私生活，而是真心实意地关心对方，甚至会主动热情地为晚辈介绍对象和工作。这原本都是好意，但他们不了解的是，当今的年轻人对亲密关系充满矛盾的心理——既渴望又抗拒。最典型的就是天天喊着单身苦，可真有人为自己介绍对象又以各种理由推脱，这就是害怕接纳亲密关系的真实写照。那些积极关怀自己的长辈，也在客观上创造出一种家长式的亲密关系，这同样是年轻人难以承受的，年轻人自然就选择了回避。

"亲戚恐惧症"的确可以追根溯源，但长此以往，也会让人逐渐与家族脱节，从而造成亲戚关系的疏远，甚至给父母在家族中的地位、人际关系带来负面影响，最终让自己变得越来越孤独。和陌生人相比，亲戚无论从血缘关系上还是社会属性上，都对我们更有现实意义和情感价值，本能的回避可以理解，但一味的排斥注定是弊大于利，所以我们要尽可能地采取一些方法矫正。

第一，拒绝回避

应该说，大部分亲戚对我们私生活的打听，最多也不过是有点八卦心理，所以我们面对亲戚的盘问，大可不必像面对陌生人那样警惕心十足，更不要总是习惯逃避。我们最在乎的其实是怕自己成为笑话，但亲戚之间这种恶意并不多见，也不会对我们的实际生活造成多大影响。换个角度看，很多亲戚的"灵魂拷问"，其实也是没话找话而已，他们并不知道如何寻找共同话题，只能将上一辈沿用下来的传统话术重复使用，基本上也是左耳进右耳出，反倒是我们自己将其放大了。如果实在不想谈论隐私，也可以转移到别的话题上，反正对方的目的也是不想冷场。

第二，学会接纳

面对我们从小就熟悉的亲戚，真的不必激活我们的心理防御。即便对方在言辞上有"冒犯"之嫌，我们也应该以平和的心态接纳。你可以将自己的私生活分享给对方，对方通常也不避讳讲述自己的烦心事，这种信息置换在某种程度上反而会拉近彼此的距离。相反，如果亲戚只是用社会上的客套话与你沟通，那才意味着对方想要和你保持距离，这种谈话看似轻松，实则丢掉了很多人情味儿。因此，学会接纳亲戚，学会接纳家族内部的正常社交，是我们的人生必修课。

第三，充实活动

很多时候，我们排斥和亲戚见面，是因为这种社交形式太过单一，就是面对面沟通，自然会有没话找话的时候，但如果我们让亲戚之间的走动形式多样起来，情况可能就大不相同了。比如，在春暖花开之际组织出外踏青，就能减少面对面交流的尴尬，还能在丰富的活动中多方面地了解对方，同时展示自己。如果活动中加入更多的同辈亲戚，那就会找到更多的共同话题，减轻被"灵魂拷问"的压力，几代人之间的交往也会更加融洽与自然。

在面对外人时，我们的房间的确能给予我们一种安全感。但问题在于，我们的房间不等于全世界，它存在的前提是外面有更广阔的空间和更丰富多样的人群。我们可以在需要独处时躲藏在房间中，但是当有人造访时，我们也应该礼貌地走出来打声招呼，这样我们才不会被外面的世界和人群遗忘。

聚会聚餐能躲就躲——我还有点事

一位90后自称每天都过着单位和家庭两点一线的生活，平时接触的除了同事和领导之外就是父母了，社交圈子非常小。这位90后自得其乐，因为她不必和陌生人打交道，更没有多少聚会打扰自己。然而，当她的工作发生变动以后，每天都要见陌生的客户，一些社交应酬也避免不了。这顿时让她寝食难安，以至于睡眠质量严重下降，精神也日渐恍惚。

无独有偶，一位80后也遭受过类似境遇的折磨，他害怕的倒不是上班时间，而是节假日各种亲戚朋友老同学组织的聚会。按理说久别不见应该兴奋相拥才对，但在这位80后眼中，这意味着他要被逼着饮酒、说祝酒词以及和大家"掏心掏肺"地交流，这实在让他难以承受。为此，他甚至会主动要求在节假日里加班，为的就是躲避那"可怕"的聚会。

显然，这两位都有社交恐惧症，他们都患有"聚会恐惧症"。不过，我们不必急于批判害怕聚会有多么不对，而是要先认清哪些聚会是可以推脱的，哪些聚会是应该参加的，毕竟现在的很多聚会打着"联谊"和"情怀"的幌子引起了很多人的反感。

如果你恐惧的不只是那些令人不适的聚会，而是所有聚会，那么你的聚会恐惧症确实需要治疗一下了。因为你要承认一个事实：人类是群居的高级动物。从茹毛饮血、刀耕火种的时代开始，无论是采集还是捕猎，人类基本上都是依靠团队合作，单枪匹马去和野兽、自然灾害作斗争几乎就是找死。即便是进入农耕社会以后，人们也需要通过交换、协作来满足日常生活的需求，更不要说现代机器大生产下的流水线合作和经济一体化。

聚会的存在本身有它的实际意义和社会属性，我们不能因为自己有社交恐惧症就推掉所有聚会。这只能把我们自己从人群中剥离出去，既是不现实的也是残忍的。当然，聚会恐惧症不是"不治之症"，能够通过一些方法减轻或者治愈。

第一，学会掌握社交距离

有一些人在生人面前不敢说话，但在熟人面前却喋喋不休，这就是因为社交距离不同。和陌生人谈论情感话题，就是在强行拉近彼此的心理距离，会让神经敏感的人产生不安。遇到这种情况，可以尝试着从一些无关紧要的话题切入，交谈顺畅再选择更深入的话题，这样就能避免出现紧张和不适的情绪。还有一种方法是选择"异步交流"。比如，在网上打字聊天，而不是直接通电话或者视频，这种交流方式会让人减少焦虑。

第二，学会不断适应社交生活

要想克服社交恐惧，就要直面恐惧，采用"脱敏"疗法才有根治的可能。参加某个聚会活动之前，你可以做一些必要的准备工作。比如，了解大概有哪些人出席，和哪个人关系较近聚会的时候就尽量坐在一起，还可以提前打探一下聚会场地，减少陌生感。在一个已经事先了解过的环境中与人交流，就能最大限度地抑制社交恐惧症发作。即便真的有临场不适应感，也可以先以旁观者的视角去观察别人怎样说话和做事。时间一长就能慢慢适应这种聚会环境，也能和身边人的关系亲近许多。

第三，学会认清社交恐惧症带来的益处

社交恐惧症对某些人来说也能产生积极作用，比如可以通过社交恐惧过滤掉无效或者低价值的社交。因为那些敏感的人并非完全没朋友，只是朋友很少，他们会在漫长的人生中找到那么一两个知己。同时，社交恐惧会让人有更多的时间关注自己并提升自身的能力、学习和思考，获得的成长会更快。

话说回来，我们也不必痛恨自己的社交恐惧症。追根溯源，我们会发现社交恐惧是一种演化的需求。还有些人的社交恐惧是后天形成的，是为了趋利避害，因为他们不知道陌生人中是否有个怀好意者，所以不敢当众发表意见，这样也就杜绝了得罪人的可能，也算是一种生存策略。所以，我们不必因为自己有社交恐惧症而感到自卑，这不过是自我保护机制有些过敏罢了。

因此，作为无法脱离同伴而生存的我们，要尽量克服性格中敏感、脆弱、自卑等因素，尽可能地适应社会。当然，这并非要求每个人都成为"交际花"，而是当需要出现在人们面前时，你要表现出得体的言谈举止，这样才有机会让别人认识你、了解你并发现你的优点。

职场社交恐惧症太难了：开启一场自救之旅

王勉在《脱口秀大会》上唱的一首《社恐之歌》道出了职场社交恐惧症患者的心声。他唱的"昨天上班他走进你那部电梯，你赶紧掏出没有信号的手机""你很怕上厕所和他相遇，因为迎面走来总得寒暄几句"，相信很多人都有过类似的经历。当你与同事交流的时候，是否有过害羞、不想说话的情况？是否有过不敢表达自己真实想法，从而无法建立有效沟通的情况？是否有过不想参加团建等集体活动的情况？纠结、害怕、尴尬……各种情绪汇成一句"救命，这也太让人窒息了吧"。总之，社交恐惧症患者在职场简直太难了。

据统计，一般的职场社交恐惧症患者的薪资通常比普通人低10%，高技能、高报酬的职场社交恐惧症患者的薪资比同级别的人低14%，可以说职场社交恐惧症已经影响到个人生活和职业发展。那么，职场社交恐惧症怎么解决？职场社交恐惧症患者就没有春天了吗？摆脱职场社交恐惧症是每个职场人的必要修炼过程。

我们通常意义上说的社交恐惧症并不是病态的，而是一种心理上的焦虑情绪。我们或多或少都出现过这种焦虑情绪。职场社交恐惧症并非不可战胜，只要勇敢迈出第一步，你一定会离它越来越远。职场社交恐惧症的主要表现和改善方法有如下四点：

第一，语言表达不畅

你不敢或者不愿意与同事交流，开会的时候无法表达自己真实的想法，甚至连合理的建议都不敢提出，就算说出来，也多半语言不连贯、无法清晰表达。

当你出现这种情况的时候，要明确自己只是一时的职场社交恐惧症发作了，并不是一直都是这个样子，也不是没有能力做好职场工作，你只是被担心、害怕的情绪困扰而已。面对此情此景，首先要摆正自己的认知，明确自己可以做到，从而战胜自己的恐惧心理。

如果你难以当面开口，可以先尝试用微信、QQ与同事交流，与同事熟悉后再慢慢建立更深层次的交流，克服紧张情绪。找到适合自己的沟通方式，你会发现其实交流并没有想象中的那么难。

第二，无法在职场中坦诚做自己

在职场中经常会产生自卑心理，认为自己的想法是错的，就算领导安排了不合理的任务，也不敢提出异议，害怕自己说错话，从而把自己封闭起来。实际上，这样不仅不利于自己的心理健康，也不利于自己职业生涯的发展。

谷欣是个业务能力很强的新媒体编辑，她把企业的公众号运营得有声有色，从一个粉丝也没有的小账号，逐渐发展到百万粉丝级的账号，个人收入也水涨船高。做成一切之后，她决定换个更好的平台发展，跳槽后的她加入了一家专业的新媒体运营企业。面对专业的同事和公司，谷欣心里萌生了退缩的想法，她认为自己不够专业，很多时候不敢表达自己的想法。

试用期还没结束，领导就找谷欣谈话，认为谷欣的工作情况并不理想。希望在公司待下去的谷欣意识到问题的严重性，决定改变自己。她开始跟同事交流，表达真实的自己，在会议上，她也勇于阐述自己真实的想法。渐渐地，领导和同事对她的印象有所改观，都认为她是个有趣的姑娘。不乏工作能力的她，不仅获得了职业上的肯定，也收获了一大群好友。

第三，遇到同事，如临大敌

面对职场，我们都会本能地生出一种恐怖情绪，实际上职场中的人就是生活中的你我他，职业身份只是另一种外在的社会身份，我们通过这个社会身份获得报酬和自我成就。

当你与同事相遇的时候，他可能也在心里大叫："怎么办，怎么办，要不要假装没看见，要不要主动打招呼，要不要转身再去一趟厕所……"你们两个人逐渐靠近，点头致意，潇洒离开，仿佛两个武林高手过招，拔剑不留痕。但是只有自己知道，刚刚自己在心里长吁一口气，表面冷若冰霜，实则慌得头皮发麻。

当你面对同事如临大敌的时候，可能同事内心的想法和你一致。所以，没什么可怕的，同事并非洪水猛兽，摆正自己与同事的关系，交流也可以很简单。

第四，无法正视职场

正视职场，让自己不沉溺于对职场的恐惧中，才会获得更多成就感。职场从来都不是一个人的单打独斗，而是团队的共同努力。作为一名社交恐惧症患者，与自己同组的同事搞好关系，共同完成项目，不仅能够加深与同事的关系、提升工作能力，共同面对的经历还能够帮助我们建立自信心，在之后的职场中更加坦然。

在职场小心翼翼，生怕自己做错什么，实际上越是畏首畏尾反而越容易出错，越容易给同事和领导留下负面印象。想要在职场中更顺利，无须隐藏自己，坦诚对待自己和同事的同时，提升自己的专业技能，职业生涯才会越走越顺。

职场社交是我们迈入职场不得不上的一门课，也是实现自我跃升的机会。克服了职场社交恐惧症，你会发现不仅自己的沟通能力有所提升，关于职场的方方面面也都会获得大幅度提升，有所改变的你，离升职加薪自然不远了。

遇见不太熟的人：宁可绕路，绝不招呼

某一天你在路上走着，忽然看到10米之外有一个半生不熟的人走过来，你想躲开却发现对方也看见你了，这时候你该如何走完剩下的10米呢？

不要觉得这是一个看似很简单的问题，其实仔细想想并不容易。方案一，你马上和对方打招呼，但是距离远声音就要大，但是声音大自然会引起路人的注意，那么在别人眼中你可能很奇怪；方案二，什么也不做，可这样一来面对面就更加尴尬了，因为你不能假装无视对方，也不能一直和对方的眼睛对话，所以此时想要找个地缝钻进去的不是你，而是你的眼睛；方案三，微微一笑，这个方法看起来很温和也很适用，然而如果对方没有回应怎么办？因为你的微笑很可能对方没有注意到（毕竟你总不能大声笑吧），这时候的你恐怕会更加尴尬……

这个令人"痛不欲生"的"魔鬼10米"，听起来有些夸张甚至有些滑稽，然而在现实中却屡见不鲜。当然，之所以有如此多的"内心戏"，根源在于你是社交恐惧症患者，想得太多，顾虑得太多，害怕得也太多。

有一位老师，课堂气氛很好，同学们也都乐于讨论，然而在一次课间时他问学生：为什么你们宁可和食堂的叔叔阿姨打招呼也不愿意搭理我呢？原来，同学们一见到这位老师就会主动绕开，哪怕大家并不讨厌他。

在社交恐惧症患者的世界里，"不太熟的人"是非常尴尬的存在，经常让他们手足无措，最典型的就是"打不打招呼""怎么打招呼"以及"打招呼之后说什么"的三连问。的确，如果是陌生人就不存在礼节不礼节的问题；如果是熟人，社交恐惧症严重的人大多也能表现得自然；唯一难办的就是半生不熟的人。社交恐惧症患者思前想后，只好采用最常规的办法——绕道。

没错，绕道是最"省心省力"的，让对方看不到自己，也就免去了打招呼的尴尬，但问题在于，既然你已经老远看到了正在走来的那个人，又怎么能确定对方没有看见你呢？事实上，社交恐惧症患者也知道这是在自欺欺人，只不过要么抱着一丝侥幸心理认为对方没看见，要么"死猪不怕开水烫"，摆明了不想打招呼，于是，久而久之就养成了习惯。

那么，你是否想过，这种提前绕道的习惯会给对方造成伤害呢？

有一个高度近视的女孩，遇到不熟的人从来不打招呼，理由是平时走路也不戴眼镜，根本看不清对面的人，索性就全当不认识了。在她看来，与其和不熟的人说"早上好""吃了吗""最近怎样"等无聊的话，不如省下时间做点自己想做的事情。

听起来，这是一个很"潇洒"的习惯，的确能让自己过得很舒服。毕竟随着年龄的增长，人们通常越来越珍惜属于自己的时间，眼中认定的"无聊事"和"无聊人"也会越来越多，甚至会自认为已经看透了世俗和人性，期望在聒噪的世界里为自己争得一片净土。当然，上述理由并不成立。如果因为你的舒服而伤害到了其他人，这种舒服就不是真正的舒服，就像是随手丢掉的西瓜皮，方便了自己，却可能摔倒了别人。

社交恐惧症不是罪过，但如果用"严于律人，宽于待己"的方式去逃避社交，这就值得我们反思了。

在电影《肖申克的救赎》中有一句经典台词："心若是牢笼，处处为牢笼。"这句话形容社交恐惧症患者恰到好处。其实，跟不熟的人打招呼这种事，仔细想想并没有那么可怕，但社交恐惧症患者之所以如临大敌，是因为顾忌的太多，他们并不是害怕说一句话，也不吝啬一个微笑，而是担心对方的反应会让自己失望，会让自己胡思乱想。这种畏惧和自卑已经变成刺，深深地扎在他们的心里。

在这个世界上，的确有很多事情我们无法左右，但至少在很多社交问题上，真正禁锢我们的也只有自己。更糟糕的是，很多社交恐惧症患者明明已经意识到了这个问题，却始终不敢迈出第一步，所以就永远地把自己困锁在内心的牢笼之中了。

按照墨菲定律（假设事情有变坏的可能，不管概率多小总会发生），我们越是担心在路上遇到不熟的人，就越有可能遇到。既

然横竖躲不过，为什么我们不大胆地拔掉心中的那根刺呢？或许
在拔出的一瞬间有些疼，然而不过也就那么一瞬间，只要我们勇
敢地迈出那一步，就会发现自己并没有那么脆弱，想象中的障碍
也并非无法跨越。

回头看我们提出的三个问题：打不打招呼，给出的答案自然
是打；怎么打招呼，这个因人而异，你可以简单客套一句，也可
以报以微笑，没有统一标准。当然，更多人在意的是，如果打了
招呼之后对方想和自己聊几句怎么办。

和不熟的人聊天，远没有你想象的那么难。因为大多数人都
会更有分寸感，如果你担心冷场或者尴尬，不妨从以下三个话题
切入。

第一，聊天气

没错，这是一个极其古老的方式，但方式之所以老还能用，
恰恰说明它的存在价值。毕竟天气好不好就摆在眼前，我们只要
随便说一句"今天天气不错"或者"今天风真大"，对方也可以
附和一句，难度指数极低。这样的话题你起头很容易，对方也能
顺嘴接过，反之亦然。更重要的是，不超越现有关系的话题范围，
不会让对方感到不安。

第二，聊刚发生过的事

这也是常见的话题，比如"我刚去买了点东西""我刚才理发了"，不需要遣词造句，只需要把刚刚发生过的事情描述一遍。如果涉及隐私，就可以改成路径描述——"我刚从某某大街过来"，这样对方也会下意识地描述一下自己刚刚干了什么。几句话过后，"沟通量"也够了，交谈不算冷场，你们也可以愉快地分道扬镳了。

第三，聊穿着

穿衣戴帽这类话题不会唐突，适合于半生不熟的人交流。当然你不能批评对方的衣品如何，只需要简单说一句"你这条裙子真好看""这双鞋看着挺酷"之类的即可，对方只需要说一句"谢谢"就算完成一回合的沟通了，不会给双方带来压力。

上述三个话题是最容易切入也最容易结束的，至于聊热点、生活之类的话题，听上去很容易，但后果往往不可控：如果对方也是社交恐惧症患者，很可能接不下话；如果对方是话痨，则可能收不住。因此点到为止的聊天才是最合适的。

不熟的人，在我们人生中可能是匆匆过客，也可能是未来的挚友，我们不必报以过高的期待，但也不宜冷漠相对，我们需要的是在不过分强求和委屈自己的前提下，做到不愧于人，无愧于心，这才是真正令我们舒服的社交方式和生活态度。

随时随地和陌生人说话是个平平无奇的技能吗

2016年以来，"社交恐惧"一词就在网络检索中逐渐成为热门词汇。自然地，社交恐惧症患者也成为大众关注的焦点。当然，很多人也因为不愿出门社交、喜欢远离人群而给自己贴上了社交恐惧症的标签。不过，无论是真社交恐惧症还是假社交恐惧症，至少在一个问题上有着显著的共同点，那就是不知道怎么和陌生人沟通。

害怕陌生人的心理动因，我们在前面的章节已经讲过了。今天我们要深入分析的是，社交恐惧症是单纯地恐惧陌生人，还是因为不懂得如何与陌生人交流而恐惧呢？其实，后者占比应该更大一些，证据就是很多所谓的社交恐惧症患者在网络上并不排斥与陌生网友交流，有人甚至还主动结识陌生人，努力扩大自己的网络社交范围。当然，之所以局限在网络上，并不是因为陌生人无法在网络上伤害到自己，主要还是因为网络社交所带来的压力较小，是社交恐惧症患者可以"展示"社交技能的主场。

社交恐惧症患者在线下恐惧陌生人，主要还是受到焦虑的影响，这种焦虑主要体现在认知层面和生理层面。认知层面是不知道该如何与陌生人打开话题，不知道自己的言谈举止是否会给对方留下良好的印象；生理层面就是和陌生人沟通时会不由自主地心跳加速、额头流汗。所以，社交恐惧症患者是因为想要在陌生人面前展示出自己良好的状态却担心目标无法达成，因此提升了自己的社交心理成本，最后选择了回避这种简单粗暴的方式。

当然，有人认为自己并不想结识陌生人，纯粹是因为面对陌生人时缺少安全感。但仔细剖析可知，缺少安全感的前提是缺乏控制感，是因为意识到自己的社交能力不足以给陌生人留下良好的印象，更不可能将对方转化为资源。所以为了认知统一，就用"不喜欢和陌生人社交"作为借口逃之夭夭。但是扪心自问，眼看着那些能够和陌生人侃侃而谈的社交高手通过不同的陌生人打开一扇又一扇的新世界大门，社交恐惧症患者真的不羡慕？

和陌生人开口说话，第一句很重要。好的开场白有助于表达你的观点，直接关系到沟通的成败，甚至可以说"好的开场白意味着成功了一半"。那么，如何选择合适的开场白呢？首先，要有一定的共通性，也就是人人都或多或少了解的事情，不要只谈论自己了解而对方不了解的话题。其次，要避免争议性，不要选择容易引发争论的话题，而是要选择开放性强、无关对错的话题。最后，要具有一定的吸引性，能够让对方和你保持沟通的兴趣，不能变成你个人的独白。

第一，做背景调查

在能够提前预知自己遇到的陌生人，如有朋友表示要在聚会上介绍一些新朋友时，你就可以提前做好准备，对即将见面的陌生人来一次背景调查，这样能够帮助你顺利打破僵局。

美国总统西奥多·罗斯福是一个擅长和别人沟通的人，不仅是因为他知识渊博，还因为他总能抓住对方的兴趣点。每次有人要拜访罗斯福，他都会事先打听对方的职业背景，从中寻找对方感兴趣的话题，因此无论是面对政客还是普通的士兵，他都能和对方进行愉快的交流，很容易打开对方的心扉。所以想要获得良好的沟通效果，不做足功课是不行的。

第二，引起对方的兴趣

从心理学的角度看，好奇是人类的天性，也是推动人类产生各种行为的动机之一。陌生人之间的初次交往，更容易对彼此产生好奇，我们可以利用这种认知特点做好开场。例如，你在聚会上第一次见到一位朋友时可以这样说："我今天差点就来不了了。"对方一听自然会觉得很好奇，就会问你原因，这时候你可以把自己半路的遭遇简单介绍一下，既能从侧面介绍你的生活状态，又能给对方提问的机会，还能通过制造话题感和神秘的气氛引起对方的关注，这对于拉近彼此的距离大有裨益。

在信任感普遍缺失的今天，陌生人和陌生人之间往往会因为误解、戒备心产生沟通障碍，但是只要使用合适的开场白，就能顺利地从某个话题展开深入的交流，甚至超过熟人之间的沟通效果，还能减轻我们对陌生人的恐惧，为我们赢得必要的社交成果。

PART

03

看到有人因为说错话被开除了，就担心自己在领导面前发言会出错；看到有人因为做错事被分手了，就在恋人面前卑躬屈膝……其实，生活并没有社交恐惧症患者想象的那般复杂，人也没有敏感到如此的程度。只是我们放大了对自己言行的认知，导致我们变得敏感多虑了。

都是因为我害怕极了

我刚才又做错什么了

契诃夫的小说《小公务员之死》，讲述了一个小公务员因为打了一个喷嚏而误认为得罪了将军，于是他不断道歉，结果将军并未在意那个喷嚏，反而因为小公务员的道歉而生气，结果小公务员被吓死了。

很多人或许觉得这个故事过于夸张，然而在现实中，"小公务员"大有人在，只不过真的被吓死的几乎没有，但是他们同样生活在恐慌之中，他们当中有相当一部分人是社交恐惧症患者。

正如我们前面分析的那样，社交恐惧症患者因为过度敏感，特别在意自己的一言一行是否会引起别人的不满，也正是被这种焦虑折磨，他们才本能地回避与人接触，从源头上"解决"问题。然而事实上，人很难完全阻断与他人的来往，更难以做到一点错误都不犯。

人非圣贤，孰能无过。犯错误是很正常的，只要不犯原则性的、危害大的错误，犯错之后认真改正就好，没必要整天担心"我刚才又做错了什么"。不过在社交恐惧症患者心里，"犯错魔咒"折磨得他们无法正常生活，这主要是由两个原因造成的。

第一，害怕影响他人

社交恐惧症患者都很在意自己会"打扰"到别人，因为他们对社交距离、人际关系的界限划分得很清楚，生怕自己因为犯错而在无意中过界，导致他人对自己的印象变差。这原本没什么大问题，但如果不分青红皂白地担忧并形成一种惯性思维，那就是一种不健康的行为模式。造成这种心理现象的原因往往和社交恐惧症患者的童年有关，在他们小时候，由于没有接受良好的家庭教育，导致他们犯错之后经常被父母或者老师责骂，在长期遭受贬低的环境中就会变得小心翼翼，在人际交往中变得"低三下四"。当然，这种贬低也可能来自同龄人的霸凌。这些外界因素都会让他们形成取悦他人的心理，从过度敏感发展成为神经质一样的心理病灶，时刻在拷问自己有没有影响到别人。

第二，害怕承担犯错成本

除了担心是否影响到他人之外，犯错后要承担的后果也是造成社交恐惧症的主要原因。这同样和从小接受的教育和人际交往环境有关：每次犯错以后，家长都会施加过度的惩罚，将小事放大，让原本无足轻重的错误变成了"罪过"，或者是惩罚的方式出现了问题，比如有的家长喜欢对犯错的孩子关禁闭、体罚或者禁止吃饭等，这些都加深了社交恐惧症患者对犯错本身的恐惧感，他们会在潜意识中形成这样的认识——只要我犯错，就会遭到严厉的惩罚。于是，他们就在惊恐中时常盘点自己的所作所为是否能够"逃过一劫"。在进入社会以后，社交恐惧症患者无论面对领导还是同事，都本能地恐惧自己在工作中犯错会给公司带来损失，进而被责骂或者解雇，甚至在谈恋爱时也担心因为自己的错误会被恋人抛弃，结果就是在面对所有人时都谨小慎微。

当然，有些社交恐惧症患者并不认为自己担心犯错是源于内心的恐惧。他们只是觉得自己做事小心，是自律性强而已。即便如此，这种"自律"也已经进入了病态。毕竟，人生三步一个坑，五步一个坎，小心谨慎一些没错，但是谨慎过度了就变成想太多，结果一步都迈不出去。其实，我们常说的三思而后行有些矫枉过正，只要"二思"就足够了，因为我们只需要搞清两个问题：为什么要去做？怎么做？

社交恐惧症患者普遍活得很累，这种累往往就是源于想太多，为什么想太多？是因为担心得太多。在信息不发达的时代，我们了解的可能只有方圆几里地的事情，听不到什么恶性事件，也不知道外面物价飞涨等一系列我们并不喜欢的事情。现在不同了，打开手机和电脑，各种信息不加选择地进入我们的大脑，看到有人因为说错话被开除了，就担心自己在领导面前发言会出错；看到有人因为做错事被分手了，就在恋人面前卑躬屈膝……其实，生活并没有社交恐惧症患者想象的那般复杂，人也没有敏感到如此的程度。只是我们放大了对自己言行的认知，导致我们变得敏感多虑了。

其实，生活可以简单一些，前提是我们要学会筛选那些负面信息，而不是在毫无意义的问题上想太多。归根结底，担心做错的根源是没有把负面事件和自己区分开来：在领导面前说错话的人原本就是对公司毫无贡献的"摸鱼大王"，被恋人分手的人早已表现出了对爱情的背叛……这些人并不是因为一些小错误才遭到惩罚的。

小王和小李是同事，两个人干的活一样且都有上进心，然而他们面对压力的方式却不同：小王害怕犯错，整天提心吊胆；小李敢于接受错误并能尽快改正。时间一长，小王的心理就出了问题，因为他把主要精力都用在提防犯错上了。于是，越来越焦虑，最后干活也变得拖延起来，就是怕做错一步被领导批评。而小李则把注意力放在能力的提升上，积极主动地接受任务，和团队的配合度也越来越高。

人生的很多烦恼不如叫"烦脑"，因为它并不真实地存在，而是只存在于我们的大脑中，是一种被迫害的妄想。妄想症变得严重了，人就钻进了死胡同，想要掉头却觉得身后太危险。于是，朝着根本看不清的尽头一路狂奔，结果越陷越深，外人没办法把你拉出来，你也不能自己走出来。

恐惧犯错是一剂慢性的思想毒药，刚开始有这个念头的时候，你不会认为这是错的，别人也会觉得你在深思熟虑，可是想着想着事情就变了味，当你幻想的种种可能被不断复制之后，它就变成了扎根在你身体里的慢性毒药。等到你发现自己为其所累时，恐怕已经病入膏肓了。

从积极的角度看，害怕犯错误本身并非坏事，因为它可以不断迫使我们寻找犯错的根源，从而让自己不断提升，所以我们要消除的不是"害怕犯错误"这个念头，而是"对犯错过于敏感"的心理。世上本无事，庸人自扰之。心理学的知识告诉我们，总是担心自己犯错误就会形成不良的心理暗示。这种负面情绪的积累最终会造成难以扭转的悲观情绪，让我们越来越恐惧与人交往。

人活着还是要洒脱一些、纯粹一些，不要多疑多虑，这样就不会太辛苦，也就少了很多烦恼。当然，想的简单并不是什么都不想，而是过滤掉那些对自己无用的信息，放弃那些违背生活常理的念头，这样我们才能获得足够的健康和自由，重新回归到人群中，享受与人交往的乐趣。

一次失误大概会被笑话很久吧

迈克尔·乔丹说过："在我的职业生涯中，我大概投偏过9000次，输掉过大约300场比赛，有26次我投失了决胜球。我总在不断的失败，但这也是我成功的理由。"

乔丹之所以能讲出这段话，和他强大的自信心有关系，他对自我价值有着清晰的认知，也知道自己成功或者失败的原因是什么。在拥有了这些正确的认知以后，他才能心无旁骛地专注于篮球，不去介意外部的声音。相反，如果他执着外界统一的、正面的评价，那么他将终生和那些不和谐的声音对抗，就不会有今天在世界篮坛的地位。

在上一节中，我们剖析了社交恐惧症患者害怕犯错的动因——害怕影响到他人以及害怕承担犯错的后果。那么，在社交恐惧症患者真的犯错之后，他们担心的是什么呢？是别人对自己的评价。

几乎每个人都是害怕犯错的，这是因为我们知道犯错是不会得到认可的，甚至会在犯错之后被人轻视和排挤甚至遭到更为严厉的惩罚，而被轻视和排挤则是我们最在意的，这是因为人的基本需求之一是获得归属感和认可，别人对我们的评价会直接影响到这个需求是否会被满足，所以，在犯错以后，我们担心的就是别人的态度。

犯错后的恐慌心态并不违背人性，但问题在于，我们究竟要如何看待别人的评价。如果因此而茶饭不思、寝食难安，那就会陷入惶惶不可终日的状态中，而在这样的负面情绪中，难保不会继续犯错，甚至犯更严重的错误。

对社交恐惧症患者来说，当犯错已成事实之后，他们在意的是别人会因此嘲笑自己多久，而这个问题的答案对社交恐惧症严重的人来说可能是"一辈子"，这种焦虑带来的负面影响就远远超过了害怕犯错时的忧虑了。那么问题来了，我们到底应不应该如此在意别人对我们的评价？

2018年，一位西安的92岁退伍老兵曾大爷引起了网民们的注意，他从2016年开始了捡垃圾的生活，起因是遇到了在街边捡烟头的社区工作者，从此被感动。于是，他加入了志愿者的队伍，常年带着一只红色塑料桶、一个垃圾夹，从街头走到巷尾。开始他的义举曾被人曲解，认为他纯粹是作秀，刻意炒作自己，但是曾大爷并不理会这些非议，只是默默地用自己的行动说话。一年多过去了，嘲讽他的声音消失了，越来越多的人被他的高风亮节所感染。同时，曾大爷带动了更多的身边人加入爱护环境的队伍。对于自己的评价从毁誉到赞誉，曾大爷看得十分透彻，他说当他弯腰的时候，有些年轻人会在一边扶着他，帮助他把地上的垃圾捡起来扔进塑料桶，也有些年轻人随手乱扔烟头，发现曾大爷后又不好意思地捡起来。这些潜移默化的改变，让曾大爷感到欣慰。

　　能够不惧他人的评价坚持做自己，这是一种勇气，是受到性格驱动而产生的深厚内力，这种内力会使我们克服内心的恐惧，让我们不那么介意自己的一言一行是否获得他人的认同，而是用内心拟定出的标准来衡量自己，就像乔丹在面对失误时的坦然心理一样。

　　一个人想要做成某件事，难免会犯错，而犯错以后最需要的心理建设就是不介意别人的评价，要能够坦然面对别人的嘲笑、吐槽以及毒舌，否则你一旦动摇了、妥协了或者自卑了，那么你的命运就掌握在了别人的口中，这就成为"性格决定命运"的反面例子，难道不悲哀吗？

　　如果一个人过于在意外界对自己的看法，就会把注意力转移到如何迎合他人上，会压抑自己，反而有害身心健康，让性格变得扭曲。

　　心理学上有一个概念叫"重要他人"。在我们的人生历程中，总会有几个人可以归到这一类，他们都或多或少地对我们产生过重要影响。他们可能是我们的父母，也可能是我们的朋友和老师，甚至可能是一个陌生人。我们在他们面前想要表现得足够好，不想被他们嫌弃，因此从内心深处惧怕被他们讨厌。但是我们忘记了一点：我们的父母不会因为我们的某个缺点就失去对我们的关爱，我们的朋友也不会因为我们的一次失误就彻底抛弃我们，一个陌生人也不会对另一个陌生人过多苛责……归根结底，在于我们是否欣赏自己的人格。

很多人在意别人的评价，是因为在"做自己"的道路上遇到了障碍，开始怀疑自己是否会被整个社会接纳，然而这种认知是错误的。因为他们没有将自己和他人正确区分开来，迷失了方向，所以才盲从他人，也就由此失去了自我，永远活在别人的好恶当中。

在互联网时代，负能量传播的速度非常之快。我们很可能因为一句话甚至一张自拍就成为被讨厌的人。相比之下，我们想要获得别人真心的祝福和肯定却要难得多。这种信息交互环境，更需要我们磨砺性格。因为一个人要想变得卓越，就必须要学会欣赏自我、坚持自我，才能成就自我。我们要明确一点：这个世界怎么看你并不重要，重要的是你如何看待自己，这才是你的价值所在。

如果失败就太糗了，还是不要做了

20世纪70年代，一家美国的保险公司聘用了5000名推销员，并对他们进行了职业培训。每一位推销员的培训费用达到了3万美元，这在当时是一笔巨款。然而，在他们入职之后的第一年就有50%的人辞职，过了4年只剩下不到20%。后来经过调查发现，之所以有这么多人离职，是因为他们在推销保险的过程中总是担心自己被拒之门外。这样会伤害到他们的自尊心，特别是遭遇多次冷眼之后就失去了勇气和耐心，所以最后选择了离开。为了解决这个问题，这家保险公司邀请一位名叫马丁的心理学家过来帮忙，希望通过他帮助公司寻找最适合的推销员。后来马丁得出了结论：那些善于将遭受冷眼视为挑战的人最有可能成为优秀的推销员，而那些将冷眼当成失败的人很难继续下去。

我们常说，自信的人是最有魅力的，自信在很多场合都能给人带来极大的竞争优势，所以自信的人往往比自卑的人更容易获得成就。但是对社交恐惧症患者来说，自信是一件稀罕物件，自卑倒是经常陪伴左右。于是，在这种心态的作用下，社交恐惧症患者只要在工作或者生活中遇到挑战，就会变得严重缺乏自信，认为继续下去必然会走向失败，最终养成了遇事退缩的习惯。

从心理学的角度看，不自信的根本原因是心理层面的消极暗示。这往往和一个人的童年经历有关，原生家庭没有在他们遇到挫折和失败后给予鼓励和正确的引导，反而给予了批评与苛责。久而久之就让他们形成了"我很无能"的自卑心理，以后只要遇到困难就会产生消极的心理暗示。童年的经历让他们感到恐惧、焦虑和失望，所以无论做什么都会考虑到最坏的情况，并以此为依据作出决策，最终形成"我不会成功"的认识。

除了原生家庭的影响外，社会环境也是造成社交恐惧症患者自卑的重要因素。在一些负面流行文化的作用下，社交恐惧症患者也会不断地给自己增加消极的心理暗示，从而带来极大的焦虑与痛苦。

当然，原生家庭和社会环境的影响，并不意味着消极的心理暗示会彻底毁掉我们的人生。我们完全有能力克服它，而这就需要进行正确的情绪管理。纵观古今，但凡成就一番事业者，不仅有着杰出的智谋，更有着自励、自律和自觉的心理素质。而另外一部分人虽然才华横溢，却难成大事，主要是因为他们很难接受失败的现实。因为失败会让人产生极度的不安全感，所以人们会本能地排斥失败以及挫败感。

"失败是成功之母"，是我们经常听到的一句话。然而讽刺的是，把这句话挂在嘴边的往往是成功人士。因为只有生出了成功这个"儿子"，才有失败这个"母亲"，二者缺一不可。其实，对失败的正确观念应是：能够接受失败而不是把失败当成成功的必经阶段。因为只有坦然接受失败的考验才能让成功来得更加顺其自然。不能接受失败的可怕之处在于，我们失去了反思失败的机会和意识，转而变得习惯投机取巧或者消极退让。

只有尝试接受失败，才能避免一条道跑到黑，能够让人从颓败的情绪中走出来，正视自己的不足并加以改正。也就是说，不从情绪管理和思维方式等方面入手去破除短板，我们就无法克服对失败的恐惧，更无法获得成功的奖杯。

学会接受失败，它能让我们面对困境时保持直面失败的勇气并努力寻找成功的办法，这样才有助于我们从失败的阴影中解脱出来。

"励志大师"拿破仑·希尔说过："世界上没有任何人能够改变你、打败你，除了你自己。"一个人如果敢于接受失败并敢于进行下一次的挑战，那么他就成功了一半。

当我们在抱怨失败伤害我们时，其实就忽视了它带给我们的经验和教训。其实，我们遭遇的挫折并不是负担，而是我们生命的一部分。我们每个人的存在价值和人性光辉，往往都要通过接受失败来体现，否则就不会有下次的成功。

经历失败后，有的人意志消沉，觉得自己运气不好；有的人则看到了希望，觉得自己找到了成功的方法；有的人开始堕落，觉得自己能力不够没必要再努力了；有的人自此游戏人生，认为成功与失败并不重要……之所以产生如此不同的态度，在于对失败的认识不同。

我们之所以推崇强者心态，不是因为他们身上的强者光环，而是因为他们身陷逆境时的洒脱，这恰恰是很多社交恐惧症患者缺乏的。事实上，很多社交恐惧症患者并没有因为失败而遭受多么严酷的"人生炼狱"，他们的恐惧心理和心灵创伤是在过度敏感的认知下产生的，等于在没有产生阵痛前自己就已经提前预知了，然后，为了避免这种被放大的阵痛而迅速逃离，其结果只能是距离成功越来越远。

我们恐惧失败，是因为失败让生活少了轻松，但是失败也让我们少了很多浮躁，增加了更多思考，加深了对生活的认知。我们应该形成这样的认识：一次、两次、三次的失败并不可怕，可怕的是畏惧下一次的失败，而不能把失败认定成一种强大的、不可撼动的存在。每个人的一生中都会不断遭遇挫折和失败，只要坚信自己有能力与其抗争，就会提高成功的概率，这才是接受失败的意义所在。

作为社交恐惧症患者，我们原本就有自卑心理，所以要在接收外界信息时，过滤掉那些负面情绪。比如，整天传递负能量的朋友，传递消极价值观的文艺作品等。千万不要沉溺其中或者听之信之，因为等你反应过来时往往为时已晚。

我们生活的世界是由物质构建而成的，但我们不能忽视精神的力量。尤其是对于个体而言，积极的心理暗示会输送给我们源源不断的正能量，帮助我们增强信心、减轻痛苦，勇敢地面对人生的挑战，不苛求成功，也不畏惧失败。

模棱两可的情况一定会走向不好

一个国家的鞋商派出考察员来到国外的某个小岛，经过一段时间的调查，两名考察员回来向公司汇报。第一位考察员说，这个岛上的人都不穿鞋，显然没有市场前景了；第二位考察员却高兴地表示，这个岛上的人都没穿过鞋，公司的市场非常广阔。

这是一个流传已久的故事，它的真正意义并非在"眼界""格局""商机"等层面上，而是聚焦在一个问题上：当答案模棱两可的时候，你期待的是好的结局还是坏的结局呢？

不要小看乐观和悲观这两种心态。虽然客观现实有自身的运行规律，但如果抱着乐观心态去做事情，成功的概率自然要大很多，而悲观心理则会从一开始就给我们一个消极的心理暗示，让我们在不知不觉中走向不好的结局。

在社交恐惧症患者的世界里，悲观心态是长久存在的。因为他们过度敏感，所以总是能捕捉到在他们看来对自己"不利"的信息，比如别人"冷漠"的眼神和"不热情"的态度。这些来自外部世界的信号会被社交恐惧症患者解读为"自己是不受欢迎的人"或者"这件事估计要完蛋了"。而事实上别人所谓的冷漠只是中立的态度，别人的不热情也只是当时心情不好而已，在社交恐惧症患者眼中却成为处处针对自己的负面暗示。这一切，都是悲观心理在作祟。

什么是悲观心理呢？简单说，它是一种不安的、对未来缺乏自信甚至经常批判自己的心理活动。通常，悲观心理的产生有两种情况。

第一，极度缺乏自信心

很多社交恐惧症患者对自己认识不足，自我评价很低，能看到自己的短处却看不到自己的优势，所以无论在社交还是做事时，都会先入为主地认为自己做不好，在这种心理的影响下限制了真实能力的发挥。在遭遇失败后，又进一步强化了悲观心理，导致对自身的评价再次降低，如此产生的恶性循环就会让人陷入长期的悲观情绪中。

第二，缺乏正确看待事物的能力

社交恐惧症患者的过分敏感和认知错位，导致他们会把事情复杂化。本来是一件很容易完成的小事，他们也会脑补出很多障碍，给自己施加了额外的压力，对最终结果也十分不乐观。他们每天都过得十分紧张，每做一件事都小心翼翼，生怕自己会犯错，久而久之就变成了习惯性的悲观心理。

有一位铁路工人意外地被锁在一节冷冻车厢里，他知道如果出不去就会被冻死，结果当人们赶来将车厢打开时，发现工人已经死了，连医生给出的结论也是冻死的。然而，当大家仔细检查了车厢之后发现，冷气开关并没有打开，换句话说，这位工人是被自己"冻死"的，因为在他被锁在车厢里那一刻，就给自己宣判了死刑。

有悲观心理的人，总会把自己的注意力放在事物的消极方面。尤其是在面对模棱两可的问题时，他们不会看到事物积极的一面，哪怕在别人看来一切正在朝着好的方向发展，他们也总会给自己加上心理负担。这种心理发展到极端，甚至可能会造成严重的精神崩溃甚至死亡。

乐观主义者和悲观主义者的最大区别在于，前者让自己放开手脚，敢于接受失败；后者为自己束缚手脚，畏惧失败。相比之下，乐观主义者总是认为自己会成功、是幸运的，甚至能够躲过一劫，于是，他们在行动之前就有了90%的成功概率。而悲观主义者在行动之前就已经认定自己会失败。

妮可·凯利是"美国小姐"艾奥瓦州的分区冠军，和其他入选者不同，凯利的左臂只有半截，她在发表获奖感言时这么说："我的确是残疾，我参加选美，就是站出来告诉每个人，也许我们外表不同，说话方式、行为举止也不尽相同，但我们都能做得很棒。"

凯利出生时左臂就只有半截，但是她得到了父母的关爱，养成了积极乐观的性格，她知道自己身体有残缺，但是她从来都不回避。当身边的小朋友问她为什么只有半截手臂时，凯利总是开玩笑说是被鲨鱼咬掉了。因为坦然接受了自己的缺点，凯利从不在意别人如何看待自己，所以她比很多肢体健全的孩子更加大胆，没有她不敢尝试的事情，这种性格赢得了身边人的尊重和羡慕。当凯利得知选美比赛的消息后，她也打算尝试一下。为此，她开始了严格的训练：选择发型、规定饮食、练习表情、锻炼走姿……经过3天的比赛，凯利以高亢的嗓音唱出音乐剧《女巫前传》的经典曲目——《反抗引力》，让观众们听到了她的心声："我要反抗引力腾飞，谁也不能阻止我。"虽然凯利一夜成名，但是面对媒体采访时她却表示，自己参赛只是为了证明残疾人和普通人可以一样优秀。

毫无疑问，凯利拥有着让人羡慕的"好性格"，但这种"好性格"并不抽象。因为人们能够说清好在哪里：在面对悲惨的人生境遇时乐观向上，在面对结局不定的考验时勇于尝试，在收获鲜花和掌声后不居功自傲……始终向外界传递乐观积极的人生态度。

当然，社交恐惧症患者的悲观心理并非要全盘否定，至少它不会让人盲目乐观，有更高的概率让我们认识到自身的短板，只是不要让悲观心理成为一种认知习惯。事实上，没有哪一种性格或者心态是天生的，都需要经历后天的打磨。社交恐惧症是因为回避和恐惧而不参与打磨的过程，要想拥有"好性格"和"好心情"，就必须要经历日积月累的训练和培养。

具有悲观心理的社交恐惧症患者，要正确地评价自己。要多看自己的优势和长处，帮助自己建立自信心。同时，在遇到问题时要切换到积极的角度，注意不要害怕面对问题。因为你能躲避的都不是大问题，真正考验你的是躲不掉的，逃避现实不过是自欺欺人罢了。人生是自我塑造和自我完善的一次苦旅，塑造乐观心态是为了克服不良性格，理性地剖析自我，客观地分析事物。当你习惯用这种思维方式去解决问题时，就是变身为乐观主义者的良好开局。

上次的事情，当时那样做就好了

你是否有过这样的经历：某次和同事交流时，原本想要反驳对方，却一时语塞，结果话语权被对方牢牢掌控，你反而成为那个"犯错的人"，事后你才想起要如何反驳。真的再次遇到相同的情境时，你还是有话说不出口，只能又一次吃了哑巴亏。

人们都说，后悔药没地方买。的确，每个人的一生中或多或少都要经历一些让自己后悔的事情，而事后会发现当初的自己是那么愚蠢无知、胆小懦弱……当然，有的人会从中吸取教训，不再犯相同的错误。而有的人却陷入了恐怖的死循环，让错误一次又一次地重演，并且不断后悔"当时那样做就好了"，而这一类人中就有社交恐惧症患者。

为什么社交恐惧症患者经常后悔当时的做法呢？难道是因为他们比其他人更不容易吸取教训吗？显然不是。社交恐惧症患者之所以不断犯错，根源还是在于对社交活动的恐惧、回避、生疏以及错误理解。因为这些心理问题从来没有被治愈过，所以即便遇到相似的情境也免不了"梅开二度"，久而久之，后悔就成为常态。

第一，因恐惧社交造成的后悔

你不敢和人主动交流，不敢质疑对方的观点，不敢为自己的理论和权益发声……这些恐惧心理造成了你在重要时刻直接化身为沉默分子，哪怕你知道对方错在哪里，哪怕你知道默认的后果是什么，你依然不敢开口。因为你担心一说话就会让自己卷入无止无休的"社交纠纷"之中，所以只好选择默不作声。然而在事情过去后，你刚才默许的事情成真了，它们开始真实地作用在你的世界里，你的观点被无视，你的利益被侵害，这时你才感受到切肤之痛，才开始后悔当时的选择。于是，长叹一声："当时那样做就好了。"

第二，因回避交流造成的后悔

你不愿意参与到社交活动中，也就主动断绝了和他人交往的机会。这种回避心态让你化身为独行侠，自以为很酷，却在无形中错失了很多。你可能会在一次舞会上认识一个让你一见倾心的女孩，却因为不敢开口而选择了无视对方，其结果就是女孩被别的男孩邀请了。于是，你为了眼不见心不烦而避开所有社交活动，最后你发现那些主动参与的人要么扩大了社交圈子，要么找到了心仪的对象。你嘴上说着不在乎，心里却不住地念叨着"当时那样做就好了"。

第三，因情绪波动造成的后悔

作为社交恐惧症患者，你十分敏感，因为敏感而导致了情绪化。你本来和别人交谈得好好的，却因为一句话没有得到回应而突然"惊醒"："对方其实根本不喜欢我，只是出于礼貌才和我说话的吧？"由此，话匣子被突然关闭，你瞬间了无兴趣，眼神空洞地注视着他人在愉快地交流，自己却像没了电一样，呆呆地坐在角落中。这种失落让你的情绪坏到极点，以至于有人邀请你去家里玩时断然拒绝，结果那让你错失了一次改写职业前景的机会。于是，你躲在被窝里愤恨不平地说着"当时那样做就好了"。

恐惧、回避、情绪波动……这些负面的心理状态和暗示都让你作出了错误的判断，并且成为情绪的奴隶。你无法正常地参与到社交活动中，因为你不能准确地判断对方眼中的你是一个什么样的人。悲观主义只能让你朝着最坏的方向思考，其结果就是你的每一次选择都是错误的，而每一次做错之后都十分后悔，糟糕的是你无法走出这个可怕的循环。

对于社交恐惧症患者来说，最好的后悔药不是让时间倒流，因为倒流之后你依然会被负面心理所控制，你需要的后悔药是克服心理上的障碍。

第一，改变错误的人际观念

思维决定行为，而让我们后悔的事情往往都始于错误的思维方式。当恐惧与他人在社交中产生冲突时，我们要建立这样的认识：社交不过是日常生活中的一部分，即便是重要场合的社交也有改正的空间，国与国之间的谈判也不是一锤定音，要经过多轮磋商，反复沟通，这些都是家常便饭，冲突也是在所难免的。作为普通人参与的社交就更不必如此惶恐，我们要坦然地接受别人的反驳，淡然地表达自己的反对。你已经长大成人，除了极个别的人，大多数人都无权随意指责你言行不妥，所以你究竟在怕什么呢？

第二，平和心态接纳一切

当你回避所有社交行为时，并不是每一次的回避都是错误的。其中可能会有无效的、无聊的社交活动，对此你的拒绝是合情合理的。如果这样的社交场合让你错过了一些人、一些事，也没必要后悔，因为你真的和那些人接触了，真的去参与那些事了，或许并不会满意，你不过是脑补了一些损失罢了。抱着平和的心态，听从内心的正确选择，不刻意放大软弱，那么大多数情况下你的选择都不会太离谱，而所谓的后悔之事也会逐渐变少。毕竟只要我们作出选择就意味着有所割舍，后悔也在情理之中，坦然接纳就好。

第三，直面问题迎难而上

当我们总是控制不好波动的情绪时，我们要做的不是被情绪左右，而是正视它的存在，为此可以采用"暴露疗法"，即让自己自愿进入曾经感到恐惧和焦虑的情景或者场合中，通过自我暴露让身心习惯环境。打个比方，当你因为恐惧与人交流而错失了建立人脉的机会时，不妨让自己暴露在"与人交流"的场合中，一开始你肯定会非常不习惯，会本能地想要逃避，但你只要抑制住这种念头，哪怕多待10分钟，都能提升你对社交场合的适应性。为了不难为自己，下一次你也只要多待10分钟，之前的恐惧感会进一步下降，以此类推，你会慢慢发现这些场合产生的恐惧也不过如此。只要愿意坚持下去，你的负面情绪会越来越少，积极的心理暗示会逐步增多，能让你后悔的事情与日俱减。

人人都有后悔的事情。后悔既是一种感情也是一种思维方式，它的积极作用是让你不断地反思过去的言行，从中找到需要改进的地方，在后悔的负面情绪中加深认识，从而避免自己重蹈覆辙。但是，如果不从根本上调整心态，放任负面情绪干扰大脑的思考，这种徒劳无益的后悔就是一种折磨，会让你背着包袱行走，永远也找不到正确的方向。作为"后悔常客"的社交恐惧症患者，要从认知层面减少或避免走弯路，即便做错了也要坦然接受，而不是将自己困锁在后悔的循环中，多去问问"为什么"和"怎么办"，而不是自暴自弃地说"就这样了"和"算了吧"，这样你才能培养健康的心理和正确的处事方法，从而拥有稳定、友善、持久的人际关系。

还是不开口吧，反正也说不清楚

在一次聚会上，你小心翼翼地躲避着人群和视线，坐在一个不起眼的角落，然后低头拿出手机假装在回复重要信息，一旦有人从你身边经过，你就把头埋得更低，所幸真的没人和你说话，不过你并没有老老实实地把目光放在手机上，而是偷偷地抬头看着人群里那些谈笑风生的面孔，你一边庆幸自己躲过一劫，一边又忍不住羡慕：如果你是那个侃侃而谈的人该多好。不过，这种念头刚一闪现，一个声音就在你脑海中蹦了出来：还是不开口吧，反正也说不清楚！

如果你是一个社交恐惧症患者，相信上述场景对你来说再熟悉不过了。

对社交恐惧症患者来讲，别说在人群中和陌生人谈笑风生了，就是在平时与熟人交流都难免有不知所措的感觉。准确地讲不是害怕交流，而是不知道该说些什么，即使心中草拟出一个话题，然而等到开口却发现自己根本驾驭不了。于是，四舍五入就干脆什么都不要讲了。

其实，你之所以自暴自弃，并不是从内心深处讨厌开口，而是太过在意别人的目光，担心自己开口说错话，从而遭到别人的耻笑甚至是厌恶。所以社交恐惧症患者在本能的驱使下选择了回避，为了让自己"心安理得"，还给出了一个并无说服力的借口：反正也说不清楚。

现在你可以问问自己：你真的确定开口之后什么都说不清楚吗？

带着这种心态社交的人，在心理学上被称为"被动沉默者"，他们是社交恐惧症患者当中比较渴望和他人交流且知道交流重要性的人，但是在很多场合就是无法落落大方地与人沟通，很多时候都是被对方逼着开口的。在经过几次不愉快的交流之后，他们就干脆将心门封闭起来，开始躲避一切社交场合，实在躲不过去，就装作哑巴躲藏在人群之中。仔细想想，你又不是什么重要的发言人，措辞不慎就要背负重大责任，你面对的场合大多数也是非商务性的，和你交流的不说都是朋友，至少也不都是你的对手吧？既然如此，开口怎么就那么难呢？

一般来说，"开口恐惧症"大多和童年时代的经历有关。一位社交恐惧症患者，父亲是个暴脾气，每当遇到不顺心的事情时就会大发雷霆，家中的子女无一幸免，随时都准备成为父亲的出气筒，因此在那位社交恐惧症患者眼中，家里从来没有欢声笑语，有的只是紧张不安。于是，他变得沉默寡言，害怕说错什么就会点燃父亲的火药桶。在这种情况下，内心世界也变得封闭起来，最终变身为一个被动沉默者。

所以，被动沉默者的成长环境，大部分都离不开冷漠、斥责和否定等关键词，他们很少甚至从未得到过家长的鼓励和赞扬，有的就是说错话、做错事之后的惩罚，而且父母还会不切实际地为他们设定很多高标准，面对这些无法实现的目标，他们越来越自卑，所以才会形成"开口也说不清楚"的认知，因为他们早已看轻了自己。

从个人经历的角度看，被动沉默者的确值得同情，但我们不能用经历当成回避一切的挡箭牌，因为这样选择的后果还是要由你自己来承担，我们要学会清理心中的认知误区。

第一，开口就会说错或者说不清

的确，不开口的人永远不会"说错话"，但也永远无法"说对话"。当你羡慕那些谈笑风生的人时，却没有看到他们曾经说错话、当众出丑的样子，没有多少人生来就是社交高手，至少大部分人都需要一个学习和训练的过程，更何况有些时候的"说不清楚"责任并不在你，而是对方和你压根儿就不在一个认知层面上。所以，不要用社交高手的成熟期甚至巅峰期去要求自己，而是要和昨天的自己做比较，只要进步一点点就值得鼓励，因为明天的你可能真的就出口成章了。

第二，如果说不清楚或者说错，就会被人看不起

当你产生这种认知时，其实是对人类的交流活动作出了错误的理解，因为在你的认知中，说话就是为了得到他人的赞美和认

同。然而事实并非如此，交流本身有传递思想、增进感情、抒发情绪、提出警告等多方面的作用，获得赞美和认同只是其中的一小部分。社交恐惧症患者的这种错误认知，还是受到敏感性格的影响，放大了别人对自己的评价，以至于从口中吐出的每一个字、每一个标点符号都要再三斟酌，最后彻底隐藏了自己想要表达的真实想法，只会说一些场面话或者附和话。可这样的你在人群中还会有人关注吗？你只会变得越来越没有存在感。

第三，说不清楚就会让大家漠视我，简直无地自容

很多社交恐惧症患者看似回避社交关系，其实他们比任何人都在意社交关系，所以他们把正常的交流看成是一种关系的交流，渴望在说过一番话以后获得认同，进而强化彼此的关系。于是，就自作主张地在交流中融入了一种情感需求。客观地讲，这个需求并不违背人性，但我们应该抱着顺其自然的态度，至少要针对我们在乎的人，而不是针对所有人，这样才能减轻我们的交流压力，而不是和一个不熟悉的人说了一句话之后就等待着对方回以善意的目光，这是一种情感需求的扭曲，更是对社交关系的误解。相反，很多时候，人们会因为别人讲出观点不同的话而注意到他，进而被对方说服并由此心生敬佩甚至是崇拜，并非"观点一致才能成为朋友"，正如伟大导师马克思和恩格斯也经常因为一些观点不同而争论一样。

想要摆脱被动沉默者的心理枷锁，就要尽快清除上述提及的错误思维，用开放、包容与平和的心态参与到社交活动中，不畏惧与人交流，更不畏惧被人点评甚至抨击，因为谈论他人也是对方的权利，只要没有对你进行恶意诽谤中伤，你可以选择性地接受，也可以选择充耳不闻，甚至可以针锋相对地回敬。在这方面你绝非弱势群体，你有表达自我观点的权利，也有指出他人错误的机会，只要你不为自己的沉默寻找借口，你就有机会体验正常交流带来的愉悦与收获。

他们和我不是一类人，没必要相处

某天，你参加一个小组讨论，当大家兴致勃勃地交流时，你躲在一边保持沉默，即便有人向你投来询问的目光，你也马上避开，这不是因为你讨厌对方，而是你在心中已经划出了一条界线：他们和我不是一类人，没必要相处。于是，在大家热烈地交流完之后，你独自一人默默离开，就好像你从没有来过一样。

不要觉得这很夸张，现实生活中真的有这样一群人，他们的名字叫作边缘性社交恐惧症患者。

所谓边缘性社交恐惧症，就是社交恐惧症患者中最害怕被人关注，特别是在经历一次长时间的集体瞩目后症状更加严重的人群，对他们来说，即便躲在角落里不被人发现也是惴惴不安的。通常，边缘性社交恐惧症患者或多或少都经历过一些情感创伤。

一位手机软件设计师在和心理医生介绍自己的病情时表示，每次出席聚会，她大部分时间都会找借口躲在卫生间里，然后坐在马桶上，一边看着漫画一边听着外面的热闹。之所以有这种行为，和她参加一次朋友聚会有关。当时，她谈到了爵士乐，结果一发言就被在场的几个爵士乐爱好者批评得体无完肤，最后还有一个男士说女人不懂爵士乐，大家不该和她争论。就是这样一句话，深深地伤害了这位手机软件设计师，她也由此吸引了全场的视线，真的体会到了什么叫想钻到地缝里的尴尬。从那以后，她能不参加的聚会就不参加，实在推不掉的，就采用"卫生间回避法"来解决。对她来说，卫生间以外的世界和自己无关，那些人也与自己志不同道不合，没必要再与任何人接触。

对社交恐惧症重症患者来说，他们即便是在线上也不愿与人交流，而是将自己完全隔绝起来。当然，这还不是最严重的，最严重的问题是，这些社交恐惧症患者会给自己的行为寻找一个看似合理的借口，那就是"我与他们不是一类人"，更有甚者会将"优秀的人都不合群"当作至理名言。

阿良经过多年的努力，成为一所名牌大学的博士，之前向来单调的朋友圈里，如今也多了很多与好友聚会的照片，有人说阿良的性格变外向了，有人说阿良有更多空闲的时间了，还有人说阿良接触了层次更高的朋友……有一次，阿良的老朋友和他聊起了这个变化，阿良却一声苦笑，他说："我在拿到博士学位之前，很少有人主动联系我，我也没有那么多时间去社交，之前的同学都是在各自的圈子里聚会。后来拿到学位之后，很多年不联系的老同学也主动联系我了，我实在推脱不掉，就有选择地参加了几次聚会。"朋友听了阿良的描述后，深有感触地说："主动联系你的人不是更看重旧情，你还是过去那个阿良，唯一发生变化的是你的学历啊。"

　　其实，不是优秀的人不合群，是因为优秀的人不在合群这个问题上耗费精力，因为他们将更重要的时间放在专业领域而非社交上，等到他们跃进新的人生阶段，社交关系又会进行一番调整。但是对大部分社交恐惧症患者来说，他们其实并没有达到这个高度，他们主动躲避人群不过是给自己回避正常的社交行为找一个借口罢了。

　　有一个词叫"人际控制"，指的是人们为了维护人际关系而被各种社交要求所绑架。的确，如果单纯地为了合群，为了在社会上获得一定的知名度和认同感，人就会被无休无止的社交活动所绑架，失去大部分、原本属于自己的宝贵时光。但社交恐惧症患者是放大了"人际控制"在生活中的辐射面，当然他们可能和那位手机软件设计师一样，有过一段糟心的社交经历，这从情感上可以理解，但由此引发的"一朝被蛇咬，十年怕井绳"的心理并不值得肯定，因为这会让你失去正常的、健康的、有益的社会关系。

　　第一，改变认知偏差

　　和社交恐惧症告别，让自己融入集体，不盲目地排斥别人。要做到这一步，我们就要纠正以往的认知偏差，要认清融入集体对自己是有益的还是有害的，要明白一个处处独来独往的普通人更容易获得成功还是一个有集体陪伴的人更容易获得成功，这样我们才能明确自己参加社交活动的意义。

第二，寻找领路人

让一个社交恐惧症患者主动或者被动融入一个集体，确实有难度，所以不妨寻找一个信得过的人来带动自己，让他们成为我们参与社交的领路人。当然他们要相对开朗、活泼一些，这样才能和你形成性格互补。即便你在社交场合感到局促不安，但只要对方在你身边，这些问题就可以迎刃而解，而你也会从对方身上学到一些社交技巧，同时慢慢消除原有的恐惧心理。

第三，修正社交关注点

其实，社交恐惧症患者害怕进入人群，很多时候是因为自己给自己制造的恐慌情绪。比如，大家都在热烈地聊天，你却突然想到"会不会有人让我讲两句"，一下子把你从放松状态拽入紧张状态，此时别人讲了多么好玩的笑话也无法逗笑你，因为你脑子里想的是"千万别让我讲话"这个杞人忧天的念头，与其如此折磨自己，不如将注意力放在你感兴趣的人或者话题上，这样能缓解紧张情绪，还能让你更自信地去参与某个话题的讨论。退一万步讲，即便有人真的让你讲话，你也可以礼貌地推脱，或者简单说两句，这些都不会让别人对你产生负面评价，因为大家都知道不是谁都是演讲大师。

主观地把别人认定为"不是一路人"，这确实是一种自我保护，可是一旦保护过度，就会对所有人产生先入为主的偏见。既然如此，我们为什么不能直面内心的恐惧和偏见呢？当我们不那么注意它的存在时，我们才有机会战胜它，找回久违的自信，成为一个在人群中和人群外都能随遇而安的人。

PART

其实，从积极的角度看，尴尬这种情感是正向的，因为尴尬意味着我们在意个体被群体评估的价值。不过，当"在意他人的看法"逐渐演变为人类的一种生存本能之后，大家也就习惯设定一些公认的准则、行为规范以及社会文化，目的就是对每个人都进行定位，通过对其产生的正面或者负面的评价来规范其行为。

04

试试这样思考

只要我不尴尬，尴尬的就是别人

今天，你第一天去新公司上班，虽然还在试用期，但是薪资基本让你满意。当你踌躇满志地进入办公区之后，忽然发现大家似乎都在看着你，毕竟你是唯一的一张生面孔，你也想快速融入团队，可不知道该怎么称呼那些擦肩而过的人，想去上个卫生间却不知道在哪里，问身边的同事又感觉不好意思，好容易到吃午饭的时间，同事三五一组，你不知道该怎么办，尤其是当同事开始闲聊时，你不参与讨论好像是"假清高"，参与的话又怕说得不好得罪人。这时你发现尴尬的事情越来越多，恨不得让时间快进到自己成为老员工的那一刻。

如果说焦虑是社交恐惧症患者的内在情绪，那么尴尬就是社交恐惧症患者的外在情绪，因为它经常会表现为不知所措的表情和举止。其实尴尬并不是社交恐惧症患者的专利，只是按发生的频率和表现的程度来看，社交恐惧症患者更多一些。

想要化解尴尬，我们首先就要了解什么是尴尬。

尴尬和愧疚、羞耻等类似，都是人类的一种情感体现。从心理学的角度看，尴尬是人的一种本能，经常出现在对梦的精神分析当中。弗洛伊德认为人们在梦中的尴尬体验通常是自我裸露或者衣衫不整的情境，而尴尬发生的时候代表着人们有自我暴露的愿望和冲动，而尴尬就是应对这种愿望和冲动的压抑与防御。

因为尴尬是一种具有自我防御意义的情感，所以当我们体验到低自尊感、羞耻感或内疚感时，尴尬就会作为一种防御性的替代情绪出现，最常见的就是我们当众遭到批评、众目睽睽之下摔跟头等行为。用一个比较科学的词来形容，就是感到自己正在被大众"评估"。

讲到这里，你或许明白为什么社交恐惧症患者是"易尴尬"群体了吧。没错，因为社交恐惧症患者最在意外界对自己的评价，特别是在大庭广众之下的"群体评估"。所以，社交恐惧症患者在遇到尴尬场景时总是假装自己不在意，就是不想"自我暴露"，减少外界的关注。

其实，从积极的角度看，尴尬这种情感是正向的，因为尴尬意味着我们在意个体被群体评估的价值。不过，当"在意他人的看法"逐渐演变为人类的一种生存本能之后，大家也就习惯设定一些公认的准则、行为规范以及社会文化，目的就是对每个人都进行定位，通过对其产生的正面或者负面的评价来规范其行为。

但是另一个问题也随之产生了：如果公众对个体的行为要求苛刻，致使行为规范标准较高怎么办？打个比方，你不小心打了个嗝就被认为"行为不雅"，可这纯粹是生理反应，无法通过主观意志去控制的，这样就"社死"的话岂不是太残忍了？更重要的是，在移动互联网时代，人人都可以发声，人人似乎都具有"批评家"的资格，一件原本无足轻重的小事被曝光之后，总会有人站在道德制高点上进行抨击，导致社会对个体的包容度越来越低，也就意味着我们尴尬的时刻会越来越多。

一些人已经意识了这种现象。于是，就有了那句话："只要我不尴尬，尴尬的就是别人。"然后有人说这是一种强大的心理素质，也是一种坦然面对外部评价的强大内心体现。

从心理学的角度看，自尊水平会影响人们对于尴尬情绪的反应，也就是说，一个人通过不断肯定被建立起来的自尊水平很高，那么他在一定程度上就不会太在意别人的看法，反之就会特别介意社会大众的评价。当然，这种差别的形成，和个体早期的经历有关。比如，一个家庭对孩子的夸奖总是很及时且不滥用，那么这个孩子的自尊就会规律性地提升，他也能够找到自己被夸奖的原因，认识到自己身上的闪光点，别人的无端批评就不会伤害到他，因为他相信自己是具有闪光点的。

现在发现解决问题的关键了吧？虽然我们决定不了原生家庭，但我们可以做自己的"家长"。每当在工作或者生活中获得进步时，我们都可以由衷夸赞自己一下。比如，发个朋友圈"炫耀"一下，点一杯奶茶小小慰劳自己一下。一次两次或许无感，但只要积累的次数多了，我们就会在潜意识中建立起"我有很多闪光点"的认知，从而降低我们的"尴尬敏感度"。尴尬的次数越少，我们就越不容易产生应激反应，甚至遇到恶意评价我们的人时，也能保持良好的情绪。

只要我不尴尬，就能不那么苛求自我，把"社会评价"当成是活下去的唯一动力；只要我不尴尬，就不会那么渴望别人喜欢，把"他人认同"当成是社交中的唯一目标；只要我不尴尬，就有更多的时间去接纳和认识自己，自然就不会过度地在乎社会和他人对我的看法。那个时候，尴尬的才是别人。

我为什么要那么在意你的想法呢

阿南是一个受过专业训练的销售，有一次他为了一个项目拜访客户，向客户介绍公司的产品和解决方案，因为阿南在大学时经常参加辩论赛，口才很好，所以在介绍时客户听得还是饶有兴致，然而在进入互动环节时，客户对他的解决方案直接表示否定，认为产品技术存在问题，方案不靠谱，阿南顿时感到自己的专业能力遭到了质疑，挫败感大增。无奈之下，他只好从公司请来一个老销售。结果，老销售一见到客户就说："您的怀疑是有道理的，也是为了贵公司的业务着想，不过我先讲一个故事，我们之前有个客户也和您一样，做事认真，责任心极强，对我们的产品解决方案总是提出不同的想法，我们为了维护合作关系，也在一定程度上作出了让步，最后还是出了一些问题，所以我想说的是，我们不妨先试用几天再讨论，您看如何呢？"

老销售的一番话让客户消除了防御心理，作出了让步。在回公司的路上，阿南向老销售讨教说话技巧，谁知老销售一脸茫然地说："这跟说话有什么关系？"阿南也愣了："您用讲故事的方式劝说对方，这不是技巧吗？"老销售笑了笑："技巧这种东西，你再干几年说不定比我还厉害，这个听都能听会，关键问题在于你的心态，客户频繁地否定你的解释，让你感到被人否定的失败感，所以情绪就出现了波动，没办法冷静思考，其实你不必如此在意客户的否定，对方不过是害怕出问题自己要担责任而已，你把这个痛点解决了，客户也就不找麻烦了。"听了老销售的话，阿南如梦初醒，他一直以为销售靠的是嘴皮子，其实靠的还是心理素质，如果心乱了，嘴还能管用吗？

作家周国平曾经说过："我从不在乎别人如何评价我，因为我知道自己是怎么回事，如果一个人对自己是没有把握的，就很容易在乎别人的看法。"

想想看说得挺有道理，我们的生命只有一次，我们也是独一无二的，所以没有人能真正理解我们的经历和感受，我们就是唯一有资格理解和尊重自己的人。既然如此，我们又何必在意别人的想法呢？当然，"不在意"不能仅仅体现在口头上，还要体现在行动上。有些社交恐惧症患者整天嘴上挂着无所谓，其实心里却很慌乱。

有这样一句名言："对于凌驾于命运之上的人来说，信心是命运的主宰。"信心十足的人，能够在遇到问题时正确面对，把它当成锻炼自我、反思自我的一次机会。换一个角度看，所谓的信心折射的是一个人情商的高低。

人活在世，难免有被人指责、否定和批评的时候，特别是对于天性敏感的社交恐惧症患者来说，他们最害怕被人否定和轻视，他们往往在被否定之后默默忍受，最终憋出内伤。

社交恐惧症患者之所以如此在意他人的评价，是因为潜意识里认同了对方所说的。比如，别人说你工作能力差，你会本能地想到自己做砸了的那个项目，于是，就觉得被对方说中了。然而事实上在工作上零失误的人基本上是不存在的，而你偏偏要用大家都会犯的错误来定义自己的"无能"，这就是心理学上的"透明度错觉"——人们会误认为自己掌握的信息他人也会掌握，结果导致自己变得更加敏感，只能看到自己的弱点和错误，看不到强项和高光，这样一来，你将无法触碰到理想中的自我。

有一个女孩声音甜美，唱功极佳，然而美中不足的是长着一口龅牙，每次她在别人面前唱歌时，都会因为她的龅牙而感到自卑，导致她不敢把嘴张得太大，影响了她的发音。后来，女孩参加了一次歌唱比赛，因为她十分看重结果，所以一心想要掩饰牙齿的缺陷，结果没有发挥好，无论是观众还是评委都觉得她的表情和声音很奇怪，所以她落选了。后来，一位评委发现了女孩潜在的才华，就亲自找到她，说她将来一定会成功，但前提是必须忘掉自己的牙齿。在这个评委的鼓励下，女孩渐渐忘掉了牙齿带给她的阴影，她开始坦然面对这个缺陷。后来，女孩在参加一次全国大赛时，忘掉一切，投入到唱歌中，征服了观众和评委，获得荣誉。当成为著名的歌唱家时，她的粉丝竟然迷恋上她的牙齿，这个女孩就是著名歌手凯丝·黛莉。

做人最重要的是掌控自己的节奏，不要被外界的声音打扰原本的计划，当然，想要做到不在意，需要从以下两个方面入手。

一方面，知道自己的真实情况

如果一个人自视甚高，根本不知道自己几斤几两，这种"不在意"是要不得的，所以我们要有自知之明，不要把毒舌当成快人快语，不要把低情商当成特立独行，不要把没责任心当成洒脱。只有建立了正确的认知，我们才有底气不在意旁人的评价，承认自我价值的重要性，发自内心地评价和欣赏自己。

另一方面，对自己有足够的把握

不在意他人的评价，本质上是保护自己，但保护不等于纵容，如果把自己宠坏了，之前的不在意就是我行我素。所以，我们要在内心构建出一个丰富、有品质的自我。所谓丰富，就是要尽量体验这个世界，经历越多，才越能了解自己的底线。所谓品质，就是要树立精神目标，这样才不会被世俗烦扰，让我们在追求自我的时候多一分镇定和坚守。

德国哲学家尼采曾说："千万不要忘记：我们飞翔得越高，我们在那些不能飞翔的人眼中的形象越是渺小。"人的一生，最终还是为自己的梦想和目标而活，所以我们要学会尊重自己的感受，这样才有机会获得属于自己的人生。而不在意他人的评价是体会到自我唯一性的前提，它能丈量我们生命的宽度和厚度，体现出我们的存在价值。

你们是人间烟火，我是细水长流

晚上9点，刷朋友圈的时候，你忽然看到几个爱热闹的朋友在路边摊喝得酩酊大醉，然后互相搂在一起拍了一张"丑态百出"的自拍，你默默点了个赞，然后又追起了刚更新的一部剧。过了一会儿，你发现刚才点赞的动态有了消息提醒，点进去才发现已经有三五个朋友在那张合影下面留言讨论起来，看着就热闹、有人气，相比之下，你追的剧连弹幕都没有，似乎显得格外冷清。那边的人间烟火，确实接地气，人家的感情也足够深，但是回头看你自己，也并不是孤家寡人，因为朋友聚会前就邀请了你，不过被你婉言拒绝了，倒不是害怕相见，只是今天的情绪不适合放飞自我。没错，你可以认为自己有那么一点社交恐惧，但还不足以让你远离人群，你不过是以自己的方式让生命细水长流罢了。

事实上，坚持心中的信念，活出自我，这是人生的必修课，但也是一门让无数人"挂科"的糟心课，因为你我他都或多或少会受到环境的影响，认为"随大流"才是人生的主旋律，一个只能给热闹动态点赞的人是值得可怜的。可是，生活真的要这么过吗？

答案当然是否定的。

我们可能有社交恐惧，但只要不严重到影响正常的工作和生活，又有什么错呢？因为我们选择了细水长流的方式去淡然地生活，这其实体现出我们心中执着的信念，这种信念就是给自己设定一个预期或者一种方式，为了达到目标或者无愧内心，我们可以不那么从众，而是在活出自我的过程中追寻生命的真谛，甚至猛一发力还能从平庸走向卓越。

对此，你真应该好好问问自己，是否想过要活出自我、不受周遭环境影响呢？

在很多人看来，活出自我确实是一种理想状态，但它有时候是可望而不可即的，因为它总给人一种感性和虚无的印象。其实，这个认识是错误的。从心理学的角度看，活出自我就是较少地满足他人的预期，更多地发挥自我能动性，按照自己的意愿去生活。

人间烟火是一群人的狂欢，细水长流是一个人的精彩，而划分这两种生活方式的，就是对"自我"的界定。那么，什么是自我呢？

我们不去研究复杂冗长的概念，从最朴素的角度解释，自我就是区别于他人的对事物的态度、对人生的看法等个性化的存在。具体地说就是，每个人都有喜怒哀乐的情绪，也有性格、脾气、爱好等差别，而自我就是诞生在上述领域之内的唯一性。

你要知道，这个"唯一"太宝贵了。试想一下，如果在聚众撸串的时候，别人喊着好吃，你也喊着好吃，别人抛出一条关于国际新闻的评论，你马上点头附和，甚至把合照发到朋友圈时都想不出独特的配文，这样的你简直就是别人的影子，你虽然参加了聚会，但不过是别人的复制品，大家在你身上看不到独特的感受、见解甚至是情绪表达，毫无"自我"存在的痕迹。

自我，从来都不是感性的"低情商"，而是理性的最优选择。自我不是自私，也不是任性，更不是任意妄为，而是基于现实对自己的明确判断，它能帮助我们去塑造一个符合自身实际的样子：你喜欢和大家围在一起吃火锅，感受心头一热的舒爽；你想就国际政治发表积攒已久的看法而不是轻描淡写地表示同意；你不想发朋友圈刻意记录某次聚会，但你会在日志里真情流露地回忆朋友一起走过的时光……这个看起来不太"高情商"的人，才是真实的你。

想要活出自我，首先就要找到自我，这或许是一个比较漫长的过程，也是一个艰巨的人生任务，它和人的认知层次有关，也许你在30岁的时候才能找到，也许你在40岁的时候才猛然发现，这都不重要，重要的是你愿意付诸行动，享受寻找自我的过程。当然，你要明确：寻找自我找的是对生活的态度和目的，是对生命的思考，也是对自我能力的客观评价，这样的你才有资格去谈如何探索世界。

那么，当你找到自我之后，你要学会义无反顾地走向它，让内心变得越发坚定，不要再观望那些嘈杂喧嚣的人群。

我们降生到这个世界上，本就是一个完整的生命。你的生命是属于你自己的，别人没有权利剥夺，也没有权利帮你规划，所以，不要因为那边的烟火好看，就放弃原有的生命轨迹追随过去。你要学会睁开眼睛发现世界，哪怕你的眼睛里只能透出微微的亮光，只要能帮你走出迷茫和困顿，这光亮就有了存在价值。当你活出自我的价值以后，才有机会尽情地体验生命的精彩，不负此生。正如村上春树所说："在自己喜欢的时间里，按照自己喜欢的方式，去做自己喜欢的事。"

没人排斥你，是你总排斥自己

据说，人生有三大错觉："我喜欢的人也喜欢我""我还年轻，父母未老""我不会沦为一个普通人"，听起来有些心酸，不过对社交恐惧症患者来说恐怕还要再加上一条："大家都排斥我"。

一位上初中的女生，忽然有一天吵着不想上学了，父母就问她为什么，她说学校里有很多同学都看不起自己。家人一听，也没有急着给出办法，而是询问女儿如何得出这个结论的。于是，女孩像福尔摩斯一样列出种种证据：上课回答问题时，答错了就会惹得同学哄堂大笑；如果上课迟到了，大家都会议论她，甚至同学去食堂吃饭也不叫她；诸如此类。后来，女孩的家长专门找到了女儿最要好的同学，问事实是否如她所说，结果对方给出的答复是：大家并没有不叫她，只是有几次她说不去她们才走的。

从这个案例可以看出，女孩并没有遭到大家的排挤，真正排挤她的恰恰是她自己，由于她的敏感和社交恐惧，让她特别关注别人对她的行为反馈，如果没有找到相关证据，还会自动脑补。同时，还会有选择地过滤掉一些"反面证据"，最终得出"大家都在排挤我"的结论。

听起来，这种心理似乎有些不可思议，正常人都是希望大家喜欢自己，为什么要努力证明大家排挤自己呢？除去敏感的因素外，还有一个更深层的原因，就是他们没有给自己希望，在人际关系方面设定了一个极低的预期，将自己锁在了困境中。

国外学者做过一个心理实验，从一个大学挑出一个最不讨人喜欢的女生，要求大家改变对她的看法。于是，在一个下雨天，大家争先恐后地对这个女生献殷勤并护送她回家，很多人在这个讨好的过程中让自己相信她是一个漂亮的、受欢迎的女生。结果半年之后，这个女生不仅气质和形象发生了变化，性格也变得开朗活泼，因为她感觉自己获得了新生。

其实，这位不讨人喜欢的女生，之前多半过着"类社交恐惧症"的生活——没有多少朋友，社交生活寡淡，但是这次实验让她明白自己其实并没有遭到排斥，只不过是自己封印了自己。这种观念上的改变，让她产生了面对人生的积极态度，而积极的态度也会对人产生强烈的心理暗示，久而久之，这种思维方式会嵌入性格当中，使其成为一个既有信仰又充满乐观精神的人。

耶鲁大学心理学教授罗伯说过：信念是一种动力，而强烈的信念是更有价值的动力，能够让一个人持久不懈地努力，以完成大众或个人有关的目标、计划、心愿或理想。积极的信念能够让人们调动知识和经验，对痛苦和快乐拥有主观认识，这样才能正确引导未来的人生走向。

希望是人类最强烈的信念，它能够带给人们心理慰藉，这并不是阿Q精神，而是真的能让人们朝着设定的目标不断努力，促使人们更有力对抗挫折和挑战，促进大脑有机会发挥深藏已久的潜能。而那些认为自己遭到排挤的社交恐惧症患者，就是浇灭了内心希望的人，他们看不到人际关系的光明前景，只愿意相信人性中黑暗的一面，也看不到自身的闪光点。这样一来，一个"糟糕的自我"外加"坏坏的他们"，得出的结论当然不让人愉快了。

缺乏积极的人生态度，人们就会下意识地逃避现实，为了让这个认知变得合理，就会给自己预设一个困难的处境：你们看，大家都在排挤我，我只能当独行侠了。显然，这种低预期严重影响了一个人对未来的态度，会产生严重的焦虑感，然后陷入社交恐惧症和抑郁的双重困境中。

有一个独居的老妇人，总是失眠，必须依靠安眠药才能入睡。一天晚上，老妇人发现安眠药吃完了，就去邻居家里讨要安眠药，结果邻居给了她一颗很大的青豆，由于老妇人眼睛不好，以为这是一颗特大的安眠药，效果会更好，所以她在服下后竟然安稳地睡了一夜。原来，邻居并非有意捉弄她，只是自己也没有安眠药，又担心老妇人会失眠一夜，就通过积极的心理暗示让对方美美地睡了一觉。

青豆产生安眠药的效果，这听起来很不科学，然而它却真实地呈现出高预期所产生的积极作用，它可以决定一个人做某件事的结果。因为高预期会让人有信心和决心去做某件事，哪怕这个目标看似遥不可及。

我们害怕被人排斥，这本身也符合人性，但接下来的逻辑应是：为了避免这个结果，我要尽量做到让人喜欢。当然，人们是否喜欢自己，存在着一定的不可控因素，但我们要做的是把可控的部分做好，把能冲破的障碍打碎，把能解释清楚的误会消除，建立起强大的自信心并且形成积极向上的价值观，让自己敢于面对现实并能直面挑战，从而形成良性循环，而不是瞻前顾后、畏首畏尾。

现代科学证明，那些希望值处于高水平的人，都擅长进行自我激励并且能够找到解决问题的最佳方案，他们还拥有坚定的乐观主义精神以及在面对多重事物时有效安排时间的管理能力。简而言之，他们的情商很高，不会轻易败给焦虑，更不会平添无关的烦恼，他们一生中遭遇的情绪困扰也要比普通人少很多。这些人就是相信"大家喜欢我"的人，这不是自恋和自大，而是基于对现实的了解和掌控，形成的自知和自信。

对社交恐惧症患者来说，慷慨地给自己一点高预期，并不会让你飘飘然，反而会抑制你脑海中的消极想法，让你自信地走入人群，你才有机会发现生活最美丽的一面。

完美存在吗？我能活得邋遢，也能活得精致

俗话说："金无足赤，人无完人。"大家都知道世界上不存在十全十美的人，即便如此，生活中还是有一些人把完美当成做人的终极目标。

小柯从学生时代开始就是一个完美主义者，每次考试如果不能考满分，就会抑郁一个星期，待人接物上也严格要求自己。如果有人表示不喜欢自己，小柯就会大受伤害，在生活细节上，小柯也从不放松：被子必须叠得整整齐齐，鞋子上沾了一点泥土就要马上刷干净。其实，小柯并不是一个善于交际的人，甚至有些社交恐惧，本来并无大碍，但是小柯却强迫自己改掉这个"毛病"，什么样的聚会都要参加，什么样的人都逼着自己去接触，因为在小柯看来这样才能拥有圆满的人际关系。结果可想而知，小柯的每一天都活得心力交瘁。一次聚会时，小柯终于绷不住了，大声哭泣起来，别人关心地问怎么了，谁知小柯犹豫了半天还是没有说出来，因为不想让别人发现自己的"不完美"，最后只是淡淡地搪塞一句：想去世的姥姥了。

在我们身边生活着一种人，俗称"完美主义者"，他们事事力求完美，不允许一点瑕疵出现，他们并不觉得这是一种负面特质。

追求完美不能说是一种病态，但是发展到极致的时候，就会给完美主义者本人以及身边人带来意想不到的麻烦。在心理学家看来，标准的完美主义者有可能会导致灾难性的后果。美国的自杀协会曾经在2003年到2006年对自杀者进行过跟踪调查，发现超过一半的自杀者都属于"完美主义者"。

完美主义者的心中会产生一种强烈的焦虑，因为他们执迷于让事物变得完美，反而阻碍了他们实现预期的目标，从而陷入一些无关紧要的细节当中，白白耗费了时间和精力。

一般来说，完美主义性格受到两种因素影响，一个是家庭，另一个是社会。

家庭原因是，童年时期父母要求十分严格，会让孩子在无形中提高对自己的要求，久而久之变得事事都追求完美，因为他在潜意识中认为做不到完美就会遭受到惩罚，就是一个"不够优秀的孩子"；社会原因是，当今社会竞争比较激烈，钱越来越难赚、事越来越难做，人们只有做到完美才能增强适应社会的能力。

那么，完美主义者的心结是什么？是过高的自我期待——要么不做，要做就必须做到最好。这是一种强烈的意念，会让他们遭遇和理想相差太大的落差，由此陷入抑郁的情绪中，反过来促使他们更加疯狂地追求完美。简而言之，追求完美的人总是认为自己做得不够好，觉得一旦犯错就意味着自己存在巨大的缺陷，所以他们必须摆脱这种状态，成为别人无法超越的完美者。

美国曾经搞过一期真人秀节目，主题是"缺陷美"，当时参赛者都被画上浓密的眉毛和雀斑，目的就是打破大家对"完美"的认识，让人们发现缺陷中的个性美。结果一个白化病患者脱颖而出，成为很多国际品牌的风云人物，而一位长着天使面容的女孩却因为走台步太过完美被评委认定缺乏特点。

我们作为普通人，何必要难为自己，成为一个"毫无缺陷"的人呢？

一个人如果为了达到完美而努力，内心往往很难获得真正的快乐。因为他们整日生活在与不完美的PK赛中，总会思考究竟是什么细节导致他们失败。即便他们获得了成功，也只是得到了一个短暂放松的机会，等待他们的是更多的需要被消灭的不完美。无论是工作还是生活，我们可以力求做到最好，但不能将这个最好设定为一个必须达标的合格线，动辄就对自己加以惩罚，以致整日生活在焦虑和自卑之中，正如丘吉尔所说："完美主义等于瘫痪。"

我们可以活得精致，那是因为我们热爱生活；同样，我们也可以活得邋遢，那是因为我们的上限是精致。既然完美主义会影响我们的人生，那么我们该怎样淡化完美主义情结呢？

第一，适度随缘

国外有一个人当选议员之后，人们问他感受如何，他说这就像自己想吃一盘菜，当这盘菜在圆桌对面的时候很难吃到，等到菜被转到了自己面前时就能轻易得到，在这个过程中保持淡定的心态，不要总是惦记着那盘菜。不去强求，就是随顺缘分和时机，让我们的性格变得更圆融和淡然。我们要从心底认识到，缺憾也是一种美，正如维纳斯的断臂一样。

第二，学会给自己打气

有时候追求完美是害怕失败，认为只要一个细节出问题就无法成功，这是源于对失败的恐惧，所以我们要拿出幼儿时期蹒跚学步的勇气，要学会接纳自己的不足和缺陷。换句话说，我们要学会欣赏失败，不能把失败看成是一种罪恶，发现失败也不要产生厌恶甚至绝望的心理，更不能自责，否则会加重自己对完美的执念。

第三，有选择地追求完美

追求完美不是原罪，但无差别地追求完美就是病态，所以我们要学会有选择地追求完美——针对那些可操控的、不影响其他人感受的事情。至于那些并没有实际意义的、影响他人生活的事情，我们就要尝试接受它的不完美。简而言之，就是要设立合理的完美目标，要充分考察目标的可行性和必要性，更要了解自己的愿望和能力是否足够匹配，如果发现达不到要求，就要尝试着降低标准，用平和的心态看待自己。换个角度看，有选择的追求就是有选择的放弃，只有遵守这个原则，我们才能甩开心中的包袱，清爽地走好人生路。

第四，保持乐观

当我们遇到挫折时，要多看事物积极的一面，不要怨天尤人，也不要苛求自我，要找到产生挫折的原因。如果是源于自己的能力不足，就要合理弥补；如果是客观因素，就要懂得如何规避。这样才能逐渐强化我们的自信心，进一步获得成功。

很多时候，我们追求完美是源于一种不自信。比如，对社交恐惧症这个缺点的不自信，但其实这是很多人都可能存在的问题，它可以随着时间和自我的努力慢慢克服，而不是当成瘟疫急着将其消灭。我们要诚实面对现状，也要善待被完美心态折磨的自己，这样生活才能张弛有度，心灵才能随遇而安。

多想可能的快乐，就有开口的理由

小安是一个习惯独来独往的人，刚进入大学就产生了强烈的不适感：身边的同学都努力想要融入集体，小安也尝试去做，结果就是面对来自天南海北的同学，在生活习惯上、家庭背景上甚至语言沟通上都存在问题，不像上高中时面对本乡本土的同学那样自然，于是小安不得不退出了加入几天的学生组织，把课余时间大把地用在了听歌、追剧上。起初，小安觉得这种生活方式十分惬意，不用盯着微信群关注最近有什么活动，也不用在团支书的号召下去参加某某活动，更不用处理那些错综复杂的人际关系问题。然而一段时间后，小安渐渐发现，一直沉浸在自己的世界里，会在某种程度上导致社交能力退化：在舍友们谈论各自参加的社团活动时，小安插不上嘴；在班级同学发生矛盾时，小安不善于调节；在元旦晚会大家各自组队表演节目时，小安只能默默地当观众……小安忽然发现，自己其实并不是多么恐惧社交，也不是天生不具备基本的社交能力，只是给自己设定了障碍，把自己困锁在一个密闭空间里。

亚里士多德曾说："从本质上讲人是一种社会性动物；那些生来离群索居的个体，要么不值得我们关注，要么不是人类。社会从本质上看是先于个体而存在的。那些不能过公共生活，或者可以自给自足不需要过公共生活，因而不参与社会的，要么是兽类，要么是上帝。"

或许有人会发现这样一个现象：喜欢参与社交活动的人，大多数都看起来精神饱满，而那些整日宅在家中的人，往往会流露出呆板和老气。这并不是歧视那些性格内向、不爱社交的人，而是我们忽略了社交的"福利"。

第一，心理更加年轻

澳大利亚曾经对1400名老人进行研究，结果显示有相对固定社交圈和亲密伙伴的老人会比其他人年轻3-5岁，这是因为长期的友爱关系能够让人保持年轻状态。

第二，提高对抗焦虑的能力

越是缺少社交活动的人，越容易脑补出一些令自己不悦的场景，比如和人吵架了怎么办、被人毒舌吐槽了怎么办等，从而产生焦虑紧张的情绪。相比之下，那些经常参加各种社交活动的人往往不会产生此类焦虑，即便真的与人发生冲突，他们也能找出合适的解决方案。退一步说，他们的朋友也愿意帮忙解决，而独来独往的人只能独自面对了。

第三，减少发病概率

人生在世，难免会遭遇一些痛苦、恐惧和委屈的事情，虽然可以通过自我调节的方式缓解，但是作用终归是有限的。如果多和朋友相处，就能减少这些负面情绪。科学研究发现，人在开心时大脑会释放出快乐激素，缓解关节炎、风湿等疼痛；而在与他人拥抱时，会降低人体内的应激激素皮质醇水平，向大脑发送"平静"的信号，从而减少恐惧；参加社交活动还能提升对生活的满意度，降低患上抑郁症的风险。更神奇的是，和那些幽默风趣的人交往，血液循环会更加通畅，减少心脑血管疾病的发病概率。

总之，参加社交活动会降低人的负面情绪，提升人的幸福感，这些好处都是显而易见的。其实有社交恐惧症的人也心知肚明，但他们往往会像小安那样远离社交活动，原因就在于他们只看到了参与社交带来的负面体验，却忽视了可能带给自己的快乐。

一个喜欢给自己找借口躲避社交的人，就是对自己缺乏责任感的人。因为这种行为就是在自欺欺人，主观地把社交归结为一种麻烦的、无用的甚至是危险的行为，然后把自己小心翼翼地包裹起来。

为失策找理由，反而使该失策更明显。对于有社交恐惧症的人来说，最可怕的不是你恐惧社交，而是为社交恐惧症寻找各种理由甚至是脑补"危害"，一旦成习惯了，就会给下一次失败预留开脱的理由。

英国亨利八世统治时代的留言条上常常写着这样一句话："快！快！快！为了生命加快步伐！"这句话的旁边会配一幅图画：一个没有按时送信的邮差在绞刑架上垂死挣扎。这不是骇人听闻的黑色幽默，而是真实的历史。在亨利八世时代，英国没有专门的邮政系统，所有的信件都是政府派出的邮差发出的，一旦耽误时间就会被处以绞刑。这个规矩确实有些残酷，但是也证明了时人对找借口的深恶痛绝，因为如果不能严格地处罚邮差，那么所有邮差都可以轻易找出送信延迟的借口。

送信如此，社交亦是如此，当社交恐惧症患者习惯为自己回避社交找借口时，就会长期活在虚无和恐惧的状态中，而这些能够摧毁一个人，久而久之就会形成一种惯性思维："算了吧，一个人挺好的。"最后发现，一个人其实并没有那么多快乐，至少在你需要人帮助时，才意识到自己原本是可以拥有一些朋友的。

人宁可为做过的事后悔，也不要为没做的事而遗憾。多想可能的快乐，少想未知的恐惧，这才是一种积极的人生态度。《致加西亚的信》之所以成为被热捧的书籍，是因为它传递了正向的思维方式：我总会有办法解决问题，事情并没有那么糟糕。的确，每个社交恐惧症患者都有社交恐惧的理由，甚至是"身世"，这些已成过去，但未成定局。只要我们多看到参与社交带来的好处，多了解人际关系的光明面，就能逐渐驱除笼罩在心灵深处的阴影，消除无端的恐惧，粉碎无妄的猜想，开启一段崭新的人生。

都是第一次做人，凭什么要让着你呢

很多人从小接受的教育：上学的时候，父母叮嘱："别跟同学吵架。"上班的时候，父母叮嘱："跟领导和同事好好相处。"当然，这种教育本身并没有错，却让我们在无形中惧怕和别人翻脸，因为我们担心风水轮流转，有一天我们会为撕破脸付出代价。

对于社交恐惧症患者来说，"忍让"几乎成为一种本能反应，因为他们经不起激烈的人际关系冲突，他们本来就敏感，本来就在意他人对自己的评价，一旦与人发生争执，就会下意识地担心自己的口碑变差，全世界的人都开始讨厌自己……但仔细想一想，我们为什么非要如此小心翼翼呢？毕竟能逼着脾气好的你怒火中烧的人，还有什么社交价值呢？

人际交往最忌讳的是拖泥带水，不要幻想着忍让可以让对方回心转意，也不要期盼时间能解决一切。既然大家都是第一次做人，你尊重对方的选择，对方也无权对你的观点指手画脚。如果你不主动采取某些手段，你的宽容只能变成纵容，时间也会加剧矛盾的恶化。既然消极处理祸患无穷，那就不如痛下决断，把让你不爽的人永远踢出你的朋友圈。这样做虽然会显得有些冷漠和不近人情，但是对那些与你三观相近的人来说，你的决绝恰恰是对别人的肯定。对所有的人都保留情面，会让那些真正对你好的人意难平。

做人最重要的不仅是开心，还要学会拒绝。有的人见你很和善，好像没有什么脾气，就故意使唤你、占你的便宜，而你以为的善良和宽容在对方眼中不过是好欺负罢了。记住，真正的朋友，不可能总是要求你干这个干那个的。即便是同事之间，也应该懂得基本的职场礼节，而领导也不能无底线地指挥员工……当他人越界时，让你感到不爽时，你就该考虑如何说不了。

我们不是圣人，我们只是普通人。一味的妥协换不来稳固的关系，如果你以失去自我为代价，那么失去的将是你的人格尊严。

国外有一个名叫阿克塞尔罗德的科学家，利用计算机进行了一系列模拟博弈比赛，结果发现，能够获胜的博弈策略，不是率性而为的随机行为，也不是忽冷忽热的处世之道，更不是毫无原则的无底线让步，而是一种宽容的有度的法则。也就是说，在社交关系中，想要保持相对稳定和谐的关系，你就不该对别人无底线地忍让，只要超过底线就要马上表达出来。这既是社交法则，也是生存博弈。因为忍让妥协从来都不是筹码，它只能是你软弱的借口。

很多自私自利的人，特别喜欢玩"严于律人，宽以待己"的"双标"法则。他们会一次次地触碰你的底线却反复要求你报以宽容，而社交恐惧症患者内心的柔弱恰恰就起了反作用，让自己一次次地成为被欺负的对象，结果这种懦弱的让步招来了更多自私自利者，让你的社交环境越来越差。

作为社交恐惧症患者，内心敏感已经活得很累了，不如放宽心态，把被人喜欢当成是意外，把被人无视当成是情理之中。这样你才有机会成为理想中的自己，因为你不再被别人制定的法则所绑架。

初次做人，我很抱歉，人若犯我，何必惯之？

PART 05

社交恐惧症患者并不都具备强大的心理洞察能力，那就不要盲目地揣摩对方的喜好，不如选择能拉近关系的常见话题，难度不高，效果不差。

让他人心里受用，让自己感觉舒服

学会无限话题聊天法，拥有聊不完的话题

阳光明媚的一天，决心治愈社交恐惧症的你迈着自信的步伐进入一个饭店包间，扑面而来的是大家侃侃而谈的说话声、笑声和掌声。你深呼吸一下，然后壮着胆子走入人群，随便抓住一个看起来有些面善的人攀谈几句，先说了一句"今天天气不错"，然后又恭维了一下对方的穿着打扮，对方看起来也慈眉善目地盯着你。然而就在这时，你忽然张口结舌起来，老套的天气、穿着都聊完了，接下来该说什么呢？

生活中，我们经常会遇到跟人聊着聊着突然没话题的情况。这在社交恐惧症患者身上更是常见，随之而来的就是无话可谈的尴尬境地。其实，想要让谈话能够进行下去并不难，你不需要特意锻炼口才，也不需要费力地修炼察言观色的能力，你需要的是"无限话题聊天法"。

无话可说的关键在于，话题缺乏可持续性。正如"今天天气不错"，这其实是一个开场方式，严格意义上讲不算话题，因为可讨论的内容实在太少，除非你想把本年度每天的天气状况都讨论一番，所以我们要选择那些可以无限拓展、延伸甚至会产生小争论的话题，毕竟冷场在社交中是大忌，还不如热烈友好的争论。

接下来，我们就分析一下哪些话题可以延伸，哪些话题不可以。

第一，封闭式提问

话题本身也是问题，一个精彩的问题是需要设计的，那种随口而出的问题很可能会造成尴尬的冷场，不信我们来看下面几段对话。

甲：这饭店装修得挺好啊。

乙：嗯，我也觉得是。

甲：确实挺好。

乙：……

甲：你是干什么的？

乙：我是销售。

甲：销售挺好，挺锻炼人。

乙：还行吧。

甲：……

通过上述案例可以发现，封闭式问题的特点就是枯燥和线性。枯燥是指缺乏趣味性，偏向于理性的提问和回答，而线性指的是设定了"一问一答"的模式，即对方只能根据提问者的回答来保持沟通，这样的聊天自然就具有局限性。当然，如果你的沟通本来就具有明确目的性，那么封闭式的聊天还是有用的，能够帮助你快速筛选信息。但在实际的社交场合中，有目的性的沟通往往占比并不高，即便是商务场合，我们也需要开放式的沟通来拉近关系、打破僵局。

第二，开放式提问

既然话题是问题，那我们就要选择那种可以给出无数个答案的话题，这样对方说得多了，我们才有可能从中选取适合延伸的话题，不信我们看下面的对话。

甲：你喜欢看什么电影？

乙：《海上钢琴师》《肖申克的救赎》《放牛班的春天》……

甲：《肖申克的救赎》我非常喜欢，这么说你应该也喜欢看《越狱》吧？

乙：对，《越狱》是我最早追的美剧了。

甲：你觉得第四季拍得怎么样？

乙：真心比不上前两季，其实第三季也还好，就是……

甲：听说你是从外地来的，你对咱们这里哪些地方印象深刻呢？

乙：那可太多了，有个雕塑公园我觉得不错，还有步行街，让我找到家乡的感觉了，还有那个美食城……

甲：咱们这边的美食和你家乡那边的一样吗？

乙：不完全一样，我们那的口味偏甜偏辣，咱们这边偏咸一点，不过我还能接受。

甲：刚才你说雕塑公园，其实还有个好玩的地方是动物园，最近开放了很多小动物展馆，可以近距离接触小动物。

乙：是吗？那我有时间可得去看看。

上述两组对话，明显可以看出沟通是在不断升温的，双方都没有冷场，话题可以延续下去，谈论起来也有滋有味，可以调动人们的兴趣，更能勾起记忆中的某些情感元素，特别是对于陌生人之间破冰非常有帮助。

"无限话题聊天法"，其实并没有多少高深，它不过是将我们日常生活中经常谈论的话题整理出来，用开放式提问的模式抛给对方，所涉及的话题不过是衣食住行这些耳熟能详、不涉及个人隐私的话题。因此，开放式聊天的重点不在于聊什么，而在于怎么问。比如，你问对方"吃了吗"，涉及的是"食"的话题，但这个提问只需要用"是"或者"否"就能回答，失去了开放性，即便对方想要展开也不方便。相比之下，你如果问对方"你喜欢吃什么"，同样都是"食"的话题，但对方可以列举出一串自己钟爱的美食，那么你们就可以从中挑选出共同的喜好接着谈论。

也许有人会说，总不能把自己和对方当成吃货一直聊"食"的话题吧？你不是说"无限话题聊天"吗？如果一个话题聊得差不多了该如何切换呢？

其实，切换话题也很简单，当你谈论食物的时候，就可以顺其自然地谈论不同地域的美食，然后通过地域转移到"行"的话题上，接着就"喜欢坐飞机还是喜欢坐火车""你第一次坐高铁的经历"这些话题展开，聊得差不多了，自然还可以聊在全国各地出差或者旅行时"住"的话题。

谈到这里估计你也明白了：从一个话题转移到另一个话题并不难，我们之所以觉得"无限话题聊天"有难度，是我们一开始就把话题封死了，导致了短暂的冷场，而冷场往往会给双方产生"我和对方好像不怎么谈得来""对方好像不怎么喜欢聊天"之类的错觉，导致话匣子被封住。即便后续突然采用了开放式的提问，对方也不愿意展开话题，只是草草回答一句。更糟糕的是，敏感的社交恐惧症患者会主观地认为对方不喜欢自己，也就不愿意多说，聊着聊着就结束了。

归根结底，"无限话题聊天"的核心是尽可能调动对方的兴趣点、情感点和记忆点，找出能让对方"眼前一亮""记忆唤醒"甚至是"情绪激动"的话题，这不需要多么高明的技巧，只需要我们多代入对方的视角，判断我们提出的问题是否有兴趣回答、是否能够和自己产生共鸣等，当彼此之间交互、分享的信息越多，甚至还能透露出一些小秘密的时候，就说明我们的沟通上升到一个更高的层次了。

当然，对社交恐惧症患者来说，"无限话题聊天法"可能要克服对陌生人的恐惧，所以一开始不妨先拿熟人练手，等到基本的技巧熟练以后，再去找陌生人实战，这样就能逐渐建立起无限聊天的自信心和熟练度，成为社交场合受大家欢迎的人。

不懂拒绝，你会有无尽的麻烦

生活中我们经常会遇到这种情况：朋友求你帮他做一件事，你碍于面子马上答应下来，结果干着干着发现工作量超过了你最初的想象，影响了你的正常生活，但是已经干了一半了又不好拒绝，最后只好让一切重担压在自己身上。这就是不懂得拒绝对方给自己带来的麻烦。即便你想给朋友留下好印象，也不能无原则地接受所有请求，因为最终利益受损的人是你。

一个人如果太好说话，自然就不懂得拒绝。虽然为别人做了一两件好事之后，很容易获得对方廉价的赞美，可最终的结果是方便了别人，委屈了自己，还给自己惹来一堆麻烦。

拒绝他人，从心理上讲是一件并不容易的事情，这意味着我们要承担一段关系出现裂痕的风险，也可能因为这一次的拒绝影响到我们个人的口碑。虽然从维护个人利益、自我意志的角度看，拒绝别人是正当的，也是一种社交技巧，但是要注意从三个方面入手。

第一，保持礼节

这里所说的礼节不是简单的客套，如"对不起""是我不好"

等，因为很多人都是听着这种客套的拒绝词汇长大的，我们应该从一言一行上尊重对方，比如和蔼的神态、温和的语气、礼貌的小动作（搬一把椅子）等，让对方真心觉得我们是尊重他的，而不是因为拒绝才表示出伪和善。这里有一个小技巧就是，当你觉察出对方可能有求于你而你又很难答应时，要在对方开口之前就表现出这种礼遇，这样才显得更加真实和自然，也能为你的温情拒绝铺垫好节奏。

第二，把握尺度

在拒绝他人时掌握好尺度——对事不对人，简单说就是"我拒绝了你不是因为你，而是因为这件事"，这样就规避了对方的一个观点："你是看不起我或者跟我关系不好才拒绝我的。"更进一步说，对事不对人是不对被拒绝的那个人进行任何评价。打个比方，你的一个朋友请你介绍一个客户，但是公司有规定不允许员工私下接触客户，所以你拒绝了，但拒绝的理由是公司的硬性规定，最好有文字、图片佐证，这样你的朋友也只能接受现实而不会对你产生别的看法。

第三，解释原因

当你的拒绝只有一个"不行"的时候，对方可能会自己寻找你拒绝他的理由，这就相当于把主动权交给了对方：他是"玻璃心"，会觉得你瞧不起他；他是"腹黑心"，会觉得你在变相要好处；他是纯良心，会觉得这个世界没温暖……所以，拒绝别人的时候一定要把理由给出来。当你给出理由之后，对方也会从你的理由出发考虑："其实他也是有难处的，不然就会帮我了。"这样对彼此的情绪稳定都有好处。另外，你给出的理由越充分，就越能打消对方苦苦哀求甚至是纠缠不放的念头。

生活在社会中与他人互动时，最理想的思考视角就是站在整体和长远之上，而不是站在自我或者对方之上，这样得出的结论才可能符合我们的根本利益和未来利益，也能确保人际关系走向融合。有尺度地拒绝别人，不是妥协，更不是软弱，而是一种个人修养，更是一种社交策略。

学会关键词聊天法，不断延续话题

对社交恐惧症患者来说，硬着头皮聊天不是最可怕的，最可怕的是聊到一半不知道该说什么好了。当然，有些"小机灵"表示不难，随便再找个话题不就好了吗？表面上看是没问题，但我们追求的是高质量的聊天，即对方心里受用，自己说着舒服，那种没话找话的聊天有时候甚至会起反作用。那么问题来了，在词穷语尽的时候，怎么才能让话题高质量地延续下去呢？

你可以选择"关键词聊天法"，这就是你成为聊天高手的第一步。

"关键词聊天法"，顾名思义就是通过抓取聊天过程中的关键词，让话题顺其自然地延续下去的方法，它存在的前提是不破坏原有的沟通氛围甚至能够起到升温的作用。这个技能十分管用，不管是和陌生人聊天，还是和不太熟悉的人聊天，甚至在一些商务场合中都能用得上。接下来，我们就来学习一下这种聊天方法。

第一，抓住句尾关键词

我们不要忽略一点：很多时候不仅是我们想让聊天继续，对方其实也不想冷场，所以他们往往会在交谈的话语中埋下一些伏笔，如果你能抓住其中的一个，就能顺利地把天聊下去。一般来说，人们通常喜欢在句尾插入聊天的重点，就像是我们在写文章时故意留下的铺垫那样，只要你抓住句尾的重点，就能轻而易举地让话题继续下去。

甲：我昨天出去逛了一天街，买了件衣服。

乙：什么样的衣服？

甲：也没什么，就是一套西服套裙。

乙：你不是有三套了吗？是不是工作发生调动了？

甲：对，我升职了。

乙：哎呀，那真是太好了，恭喜你！

在上述的对话中，乙准确地捕捉到了甲埋设的每一个重点，而突破口其实是在第一句话的"逛街"和"买衣服"上，如果乙顺着"逛街"这个话题去谈，有可能就接不上甲已经升职这个信息，这样之后的沟通就会显得比较无趣，因为甲想告知自己升职的想法大概率就落空了，原本的欣喜和炫耀之情就无法释放出去，而乙就会察觉到对方失去了聊天的兴趣。

当然有人会问：如果甲把"逛街"和"买衣服"对调一下位置，对方想要表达的信息就不一样了吗？通常来说是这样的。比如，甲说："昨天买了一件衣服，又逛了逛街。"在这种表达方式中，"衣服"可能并不是非常满意，可以理解为逛街的"副产品"，所以遇到这种情况不如多问问甲在逛街时发现了什么好东西或者遇到了什么有趣的事情，因为这才是对方想要引导的话题。

第二，抓住中心关键词

句尾中暗藏的关键词比较容易理解，但并非所有人都会使用，毕竟人的口语表达带有随机性和主观性，有时候关键词未必出现在句尾而是出现在句中，这时候我们就不能机械地盯着句尾，而是要进行综合判断。

甲：我今天被我妈说没有上进心，中午饭都不想吃了。

如果按照句尾关键词的逻辑，似乎"不想吃中午饭"才是甲要说的重点，但是结合前面的话，再结合正常人的思维，都知道"不想吃中午饭"不过是描述心情的方式，不可能是想要表达的重点，那么只能从前半句中寻找中心关键词："我妈""被说""上进心"。可是，哪一个才是中心词呢？

或许，有的人想都不想就直接说："天下妈都一个样，我也经常被我妈骂，没什么大不了的。"这句话听起来的确是在安慰，但也仅限于此，因为你没法深入话题，总不能开启一场吐槽老妈大赛吧？所以，我们不能把中心词锁定在这方面，而在剩下的词汇中，最有价值的就是"没有上进心"。

实际上，经过综合判断，甲想表达的意思是：我其实很有上进心的，没想到我妈竟然不懂我、看轻我，这种委屈使我觉得吃饭都没意思了。所以，乙的回应最好是："这也正常啊，你在单位那么努力，你妈妈又看不见，她只能看见你回家后追剧喝奶茶的样子，而那时候是你劳累一天后的休息啊。"

当乙围绕"上进心"为话题展开时，至少可以延展出三个子话题：一是甲在单位里是如何努力上进的；二是甲如何协调工作和休息的关系；三是探讨如何与母亲沟通，消除误会。这样一来，不管顺着哪条线聊下去，不仅不会冷场，还能够增进彼此的关系，加强了解，甚至有可能帮助对方解决现实问题。

第三，主动制造关键词

聊天是双向的，我们不能只想着如何从对方口中抓取关键词，有时候也可以主动制造关键词，这样才能掌握主动权，同时也能避免关键词误判，而这个方法也十分简单易用。

甲：你吃饭了吗？（制造"吃饭"这个关键词）

乙：吃了。

甲：吃的什么美味佳肴？（由"吃饭"转到"饮食文化"上）

乙：比萨。

甲：挺有品位呀，我自己还会做呢。（由"饮食文化"转到"烹饪"顺带展示自我）

乙：真的？哪天我尝尝你的手艺？

甲：那没问题，不过你也得展现一下你的厨艺。（从关键词指向了社交关系）

乙：好吧，那我也学学，但是别期望太高。

甲：没事，不行我可以现场教你。（社交关系逐渐升温）

乙：那就一言为定了。

在上述对话中，甲主动制造了一个"吃饭"这样简单的关键词，但没有拘泥于词义本身，而是一步步展开到其他领域，最后又回到人际关系上，这样既不会跑题，又不会使对话无聊，还能逐步增进彼此的了解，对需要提升关系的聊天对象特别有用。

想要成功运用"关键词聊天法"打开社交局面，不是只靠几个案例和一点理论就能快速掌握的，而是要不断参加实战，这样才能提升熟练度。当然，有些社交恐惧症患者可能担心实战失败会不会带来人际关系的损失。如果你真的害怕"翻车"，不妨先从关系要好的人练起，这样即便有说错的地方，对方也不至于和你绝交，容错率较高，等到熟能生巧之后再去与陌生人沟通。当然，还有一个最有效的办法是先从网聊开始，因为网上聊天有更多的思考时间，社交压力也较小，更适合那些社交恐惧症比较严重的人群，但也不能过分依赖，否则就会变成线下社交恐惧了。

雪中送炭，比虚伪的承诺要好很多

一句话可能得罪一个人，一句话也可以交下一个人。

得罪一个人，只需要恶言冷语，但是交下一个人，单靠赞美谄媚是绝对不够的，而应在对方最需要帮助的时候伸出援手，最常见的就是帮人解围了。

懂得沟通之道的人，一定是高情商的人，而高情商的人都擅长识别他人的情绪，可以在别人遭遇窘境时，巧妙及时地"拉"对方一把，给人一种暖心、贴心的感觉。这就好比是雪中送炭，给人的不仅是温暖，还有可能是"救命之恩"。当然，对某些喜欢耍小聪明的人来说，雪中送炭他们真的做不到，于是认为不如来几句虚伪的承诺。

对社交恐惧症患者来说，虚伪的承诺反而比雪中送炭更难，因为前者更考验一个人的"口才"乃至"脸皮"，相信绝大多数"笨嘴拙舌"又"面子薄"的社交恐惧症患者是做不到的。相比之下，雪中送炭往往只需要你稍加留意别人的情绪和现状，及时地伸出援手，就能给人留下深刻的印象。

一位商人做生意失败，被迫卖掉了汽车，出行改用电单车。一天，商人和夫人约了另外几个朋友出去郊游，其中一位朋友不知道商人的近况，看到夫妇二人共乘一辆电单车，感到很奇怪，就问商人："为什么你们骑电单车来？"商人和在场的其他朋友有些尴尬，不知道该如何解释，这时商人的一个朋友说："他们骑电单车，是因为夫人想抱着他。"

为什么有的人人际关系非常融洽和谐？就是因为他们能够在别人遇到尴尬时帮助对方解围，就像雪中送炭一样，让人难忘。

对于社交恐惧症患者来说，只需要了解他人的难处，恰当地表达出自己的心意即可。这对社交恐惧症患者来说并不难，因为他们不擅长表达却善于观察。

雪中送炭，其实是调节他人情绪的技巧，也是处理社交关系中最重要的一环。掌握这种技能的人，能够第一时间理解别人面对的尴尬，巧妙地让原本尴尬的场面变得正常和自然。虽然听起来有些难懂，但是只要你能代入到对方的视角和立场上就不难了。

雪中送炭的现实意义是，能够把那些面临失意、遭遇坎坷的人从困境中拉出来，这种帮助是帮到了点子上，不仅能给予他人信心和力量，甚至有可能改变对方的命运，哪怕只是一句鼓励的话。

这个世界不缺虚伪承诺的人，缺少的是时刻关心他人的人。当我们身处尴尬、痛苦或者危险的境地时，总会本能地希望有人能拉自己一把，可如果人人都不愿意雪中送炭、只愿意当被救助者的话，这种宝贵的助人精神又如何传递下去呢？对于社交恐惧症患者来说，本来不善言谈，更要发扬雪中送炭的精神。

帮你快速拉近关系的三个话题

或许，作为社交恐惧症患者的你，时刻都在提醒自己：我不擅长与人打交道，所以能不说话就尽量不说话。然而，很多场合之下，总会有人把陌生人引荐到你面前，匆匆介绍几句就把你丢在原地，你不能不顾一切地走开，也不能大眼瞪小眼地和对方冷场。更糟糕的是，如果对方也是一个社交恐惧症患者，你真想找地缝钻进去了。

当然，有人会想到无话可聊那就套近乎，可说起来容易做起来难。我们还是现实一点，先解决如何打破僵局的问题，最实用的办法就是找话题。

社交恐惧症患者并不都具备强大的心理洞察能力，那就不要盲目地揣摩对方的喜好，不如选择能拉近关系的常见话题，难度不高，效果不差。

第一，谈论与金钱相关的话题

这个世界上谁都离不开钱，所以和赚钱或者省钱有关的话题都能引起对方的兴趣，或许你觉得谈钱比较俗气，但换个角度看，这也说明你比较接地气，能够一上来就和陌生人分享赚钱的技巧，这样的人真心不会让人讨厌，除非你的目的是炫富。打个比方，你和一位陌生的朋友第一次见面，双方互相寒暄之后忽然冷场了，这时你可以说："我最近刚学了节约一半电费的方法。"对方一听肯定来了兴趣，因为水电费和每个人都息息相关，那么接下来你就可以讲自己买了节能家电的事情，对方自然会时不时地提出一些问题，而衣食住行这些话题十分接地气，不知不觉中你和对方的关系就更进一步了。而且，有了金钱这个话题做铺垫，接下来聊点"俗气"的东西也就自然而然了。切记，话题越是起得高端，双方的距离感就越强。

第二，谈论双方的熟人熟事

虽然你不了解对方的底细，一般来说你们总会有共同认识的人或者听说过些大众熟知的事情，这些也是可以当作话题的内容，谈论彼此熟悉的事物，等于在客观上强调"大家都是一个圈子里的人"，会在无形中拉近关系。

第三，谈论假期和旅行

初次见面，当然还是要聊让彼此都开心的事情，那么可以讨论放假去哪里或者闲暇时间喜欢去哪里旅行。比如，"马上就要十一长假了，你打算去哪里玩呢？"这些话题涉及高山大海，涉及小吃美食，甚至还可能涉及地理、历史和民俗等。即便对方是一个比较宅的人，顶多也就是少谈自己去过哪里而已，并不会真的反感。你也可以顺着对方的话题问问："那么你在家里都喜欢做什么呢?"或许经过打听,你还能发现大家都喜欢宅在家里打游戏,那关系自然就有拉近的可能了。

当然,拉近关系的话题远不止这些,我们只是介绍最常用的、最适合社交恐惧症患者驾驭的话题。相信在你心中已经有了一个大致的范围。需要注意的是,不管你选择的话题有多么对路,在聊天的过程中都不要忘记认真倾听,这样才能促进彼此关系的迅速发展,因为人不会对一个陌生人轻易产生感情,只有先建立起信任感和社交好感,才能有后续的发展。不过我们也要注意,在和陌生人初次聊天时不要让对方产生嫌恶感。

第一,保持基本的个人素养

有些社交恐惧症患者可能已经锻炼出和陌生人打交道的胆量了,却在兴奋时"放飞自我",只顾着找话题却忘了基本的礼貌。我们在和陌生人说话之前,应先观察一下对方处于何种状态——是在思考还是在和他人交流,然后再找寻一个恰当的机会开口,切莫盲目插嘴,而是要趁着自己发言时引导对方进入你要谈论的话题,这样才能建立基本的好感。

第二,不要高估自我

有些社交恐惧症患者为了克服自卑感,在面对陌生人时想要通过表现自我的方式提升存在感。这个思路没错,但切记用力过猛,一旦让对方觉得你有些张扬,好感度会骤降。正确的做法是,我们要在交谈中合理地切入话题，不要用教导式或者装熟的口吻和对方沟通。

第三，不要唠叨

老师给学生授课时，总是会重复一些重点的教学内容，这是担心某些学生因为注意力不集中或者重视度不够采取的表述方式。同样，领导向下级传达指示和精神时也会采用类似的表达方式。不过这些都仅限于特定的人物关系和情境，对两个陌生人的初次沟通并不适用。即便你的"唠叨"是为了重复重点，也会让对方认为你过于强势，是一个不易相处的人。因此，几年前流行的"重要的事情说三遍"并不适合用在初次交流中，否则大家会对你避之不及。

社交是一门学问，我们既不能操之过急，也不必畏惧不前。我们只需要知道，绝大多数人都更偏重情绪，只要我们用合情合理合乎社会规范的方式与对方交流，就不会引起对方的反感。如果我们寻找的话题再接地气一些、再生动有趣一些，对方就会对你产生越来越浓厚的兴趣，你也为自己的社交生活打开了一扇新的大门。

挖掘对方喜爱的话题，聊多久都不累

俗话说：话不投机半句多。在聊天的时候，如果对方喋喋不休，却没有涉及任何你感兴趣的话题，你肯定不想继续聊下去了。和有些人聊天，永远都不尽兴，其中很重要的一个原因就是话题选的好，因为迎合了我们自己的偏好，所以这样的聊天才让我们心情愉悦。只有找到对方愿意展开的话题，才能找对沟通的切入点，才有机会缩短彼此的心理距离，这就需要我们培养筛选话题聊天的能力。

第一，从对方的爱好出发寻找话题

兴趣是最好的老师，它能够激发人体潜能作出成就。每个人都有不同的兴趣爱好，这是各自的"兴奋点"所在，因此在聊天之前要尽量摸清对方的爱好所在。比如，有的人喜欢运动和健身，有的人喜欢音乐和电影，有的人喜欢手办和游戏……爱好有所不同，话题内容也就存在差别。

一个推销员去拜访客户时，把产品给客户进行了简单的介绍，让客户对产品有了初步的了解。然而推销员却发现客户没有表现出特别的兴趣，因为他视线不集中，推销员立刻意识到自己展开的话题客户不感兴趣。这时，他发现客户的办公桌上放着一本关于市场经济方面的图书，意识到客户应该对这本书很感兴趣，于是问客户："看来您很喜欢这本书，我可以听听您对此书作者的评价吗？"客户一下子被提起了兴趣，说："我从大学时代就开始看这位作者写的书，对他的一些见解很认同，尤其是他对未来市场经济的某些预言十分准确。"推销员立刻从这本书聊到了市场经济，最后又转到产品上，终于打开了客户的心扉，产品也顺利推销出去了。

第二，从对方的诉求出发寻找话题

巧妙的沟通，指的是在交流的过程中揣摩对方的诉求点。比如，对方提到了身体不太舒服，那就可以在帮助对方求医问诊上下功夫。总之，多留心对方说的话，总能发现一些突破口。

一个做木材生意的人，想要拉拢一位潜在客户。客户出于礼貌和对方聊了几分钟，并没有很高的合作诉求。就在这时，木材商人忽然听到客户谈起了刚买新房的事情，就从专业的角度介绍起了其木质地板和木质家具，一下子就吸引了客户的关注，木材商人还表示愿意免费给客户提供优质的装修材料采购渠道，还主动帮助对方设计新房的室内装潢。结果两个人越聊越起劲，最终达成了合作意向。

第三，从彼此普遍关注的内容中寻找话题

很多时候，我们不必刻意去寻找对方愿意聊的话题，而应放开视角，寻找大家都会关注的话题，也就是说多着眼于彼此的共性，而不要拘泥于对方的特性，格局打开了，话题也就更广泛了。

第四，从对方的工作出发寻找话题

通常，大家对自己的工作是比较喜欢的，即便不够喜欢，也会

在"好为人师"心理的影响下，谈到自己熟悉的领域时有意地展开话题。那么以工作为切入点寻找话题也能帮助我们打开沟通的大门。

两个陌生人在共同朋友的聚会上初次相识，彼此寒暄几句之后就不知道该说什么了。其中一位不想冷场，了解到对方是一位电子科技公司的产品经理，马上抬起了手腕指着佩戴的智能手环说："既然您是搞电子科技的，能不能帮我看看，这个手环怎么电量用得这么快？"对方一听就感兴趣地看了看手环，又询问起了主人日常是如何使用的。虽然最后没有解决电量问题，却由此谈到了健身、户外、汽车等多个话题，越聊越投机，初次见面的不适感也就一扫而光了。

卡耐基说过：如果想要交朋友并成为受人欢迎的说话高手，就要用热情和生机去应对别人。换句话说，打动人心的最佳方式就是找准话题以求得心灵共鸣，这是最高层次的迎合，也是最有效的沟通。因为没有谁会愿意深谈自己不感兴趣的话题，只有提及自己熟悉的、关注的话题才有参与感，而参与感的建立，就为沟通注入了生机与活力，就像是一幅画作涂抹了鲜艳的色彩一样。

对社交恐惧症患者来说，筛选话题是需要耗费心思的，这或许对有些人是个难题，但这种筛选过程也是了解对方、展示自我的过程。它可以让原本陌生的两个人产生交集且逐渐走近，打破的不仅是沟通壁垒，还有我们为自己设定的心灵枷锁，让我们愿意去尝试了解他人、探索世界，这样我们的生活才能吸收更多的阳光和雨露。

PART

06

在这个世界上，你不可能让所有人都交口称赞，那就不要想着参加所有社交活动，而应把有限的精力用在高价值的人际交往中，并笃信那句话：真正的友谊是不喧嚣的。

本来就不爱说话，社交更要高效些

有效社交才能带来真正的快乐

一个成熟的人，首先应该清楚自己的性格和三观，然后寻找与自己匹配的人做朋友。因为性格相近，相处才能让彼此都舒服，而只有三观相近，才能在人生的道路上相互扶持。于是，一个相应的问题就出现了：我们应该如何在人际交往中尽量做筛选，将那些不匹配、消耗自己时间和精力的人和社交活动认定为无效社交。

社交是为了心情愉悦，至于互相学习、共同成长都只是附加选项。如果对方品行节操足够好同样值得交往，但是对于那些让你不舒服的人就应当离得越远越好。对于社交恐惧症患者来说，本来可选择的社交范围就有限，社交精力值不够旺盛，就更要珍惜时间、精力和耐心，多参加有意义的、愉悦身心的社交活动。

一次聚会上，三五好友围着老宋劝酒，老宋推让着不肯喝，结果大家就跟着起哄，说什么多年不见不喝酒就是不给面子。当所有人以为老宋会喝下这杯酒时，他突然站起来将杯子扣在桌上，然后看着大家说："我真是想和你们喝个痛快，但是我的身体不允许，所以我今天只能得罪各位了。抱歉！"这番话说完，刚才吵着劝酒的人立即就哑了。其实，老宋本来就不是很情愿参加这次聚会，是被朋友硬拉着过去的，他很清楚酒桌上的人并不都是真心朋友，所以才打定主意不喝酒的。

像老宋这种人，很容易会被误认为"低情商"，其实人家才是活得通透的人，因为他们懂得尽力避免无价值的社交行为，更不会把自己当成社交的牺牲品。

平心而论，很多社交恐惧症患者还做不到老宋这样。一来是因为他们脸皮薄，也不会说"狠话"。二来是受到"多个朋友多条路"的传统观念的影响，可你仔细琢磨一下，一个和你三观不合的朋友，不仅不会帮你拓宽道路，反而会帮你验证一次"多个朋友多堵墙"的惨痛教训。当然，还有一些人深受中庸思想的影响，觉得某些人既然没有大是大非上的错误，不必拒人于千里之外。事实上，这是一种很天真的想法，一个志不同道不合的所谓朋友，如果你不能和对方保持必要的人情往来，就算你不拉黑他，他也会疏远你，到时候尴尬的反而是你自己。而且，当你发现和对方合不来的时候，对方约你，你去不去？不去你就减了一分，去了你只是白白浪费生命。所以这种看似现实的冷处理根本不能解决问题。

当你明白了远离无效社交的必要性时，接下来就该盘点一下要远离哪些人了。

第一种，表里不一之辈

这种人通常隐藏得很深，他们口中谈的是感情和道义，骨子里却只关注赤裸裸的利益，他们是地地道道的伪君子。这种人喜欢用伪装来粉饰自己，以此显示出他的"高洁傲岸"。这种人如果留在身边，说不定什么时候你就被他坑了，而你可能永远不知情。

第二种，爱占便宜之徒

喜欢占小便宜的人表面上看没有太大的危害，但是小聪明搭配的是胸无大志，他们往往既不能干大事，也不能将一件小事坚持到底，所以他们不会帮助你，只会整天盯着你，从你身上榨取价值。这种只知索取却不愿意付出的人，会像水蛭一样慢慢地将你吸干，且不会因为可怜你给你留下一滴血。

第三种，见利忘义之流

这种人平时靠吃吃喝喝来维护他们的感情，甚至需要金钱来维系，但是，你根本不了解他们的内心世界，他们也不关心你的内心成长。在这种人眼中，没有朋友和感情，有的只是利益，你在对方眼里不过是一个工具，甚至是一个符号。

当你知道远离性格不合拍的人以后，也该知道可以和哪些人在一起。

第一种人，交谈甚欢者

这种谈得来是真正的沟通顺利，不是那种我们说东他非要说西。谈得来是两个人交往的基础，意味着性格的共同点很多，他们某种程度上是另外一个自己，所以他们比任何人都了解我们，而只有谈得来的人才有机会知道我们的兴趣、了解我们的喜怒哀乐，在交往中找到人生的乐趣。

第二种人，给予鼓励者

有很多看似十分牢固的关系，最后因为一点小事变得老死不相往来。社交并不是牟利的工具，我们必须找懂得欣赏并支持自己的人。当我们做错的时候，对方能够明白我们的委屈；当我们成功的时候，对方能够理解我们的不易。总而言之，这种人性格宽厚，能够包容别人的错误，也具有一定的眼界，能看清别人未来的发展，他们的鼓励对我们未来的人生构建很有帮助。

第三种人，真诚善良者

真诚善良的人，通常都是性格温柔随和的，他们或许和我们没有太多的共同语言，但是他们的品行会影响到我们，久而久之我们也会成为一个三观正派的人，结交这种对我们有益的人是一生的幸运。

生命如此宝贵，千万不要将有限的时间浪费在不值得的人身上，即便你能全身而退，不被对方坑，也会在不知不觉中吸收对方的负能量，成为一个令人讨厌的人。更糟糕的是，别人看到你有这样的朋友，会觉得你们是一丘之貉，也会在无形中疏远你。在这个世界上，你不可能让所有人都交口称赞，那就不要想着参加所有社交活动，而应把有限的精力用在高价值的人际交往中，并笃信那句话：真正的友谊是不喧嚣的。

不要轻易踏入他人的空间

人是社会性动物，即使是生活在孤岛上的鲁滨孙，也需要一个星期五陪着自己，因此人与人之间存在着天然的吸引和绑定。不过，这种吸引和绑定需要控制在合理的范围之内，即要给自己和对方保留私密空间。在这个空间里，我们无权去评判他人，甚至有时候连过问一下都是多余的，这就是社交中的分寸感。

可能对有些社交恐惧症患者来说，好容易勇敢迈出了一步，结果一听到"分寸感"又被吓得退了回去。你们说距离远了，就没办法建立感情，现在又说距离太近会打扰到别人的私密空间？这并不是给大家出难题，人与人的关系本就如此，这就像我们去别人家里串门，关系近的多待一会儿甚至可以住一夜，关系远的聊几句可能就走了，可不论怎样，别人的家始终是别人的，我们不可能长久打扰，更不可能随意进出，这就是社交的本质。

有一句话说，生活如人饮水，冷暖自知。很多时候，我们和某个人关系升温之后，总是想要参与到他的人生中，当然多数情况下是好意，是希望帮助对方纠正错误，获得更好的生活，但问题在于，一个人过得好不好、活得是否快乐，其实只有他自己最清楚，外人看到的往往只是事物的表面。

很多时候，我们踏入别人的空间，往往是自认为掌握着"人间真理"，且不说这些真理是否经得起考验，即便经得起，我们也不要忽略一点：我们无法以世俗意义的大道理去判断别人的选择，因为每个人都有各自不同的生活目标。有时候，你觉得别人活得很失败，但其实对方并不在乎功名利禄；有时候，你觉得别人过得不幸福，但其实对方很享受特立独行的人生。

我们鼓励大家去参与社交，不是要闯进别人的生活，而是要进入别人的社交圈子，这个圈子原本就是被划定在私密空间之外的，是一个安全区域。可如果你误以为这里只是"社交的外围"，还想着要"进一步发展"的话，那就犯了大忌了。

有一位导演，从10岁开始就吃素，很多人在请他吃饭的时候，为了显示东道主的热情，总是大鱼大肉地款待，导演自然是能推就推。如果实在盛情难却，就在家里吃饱了再去赴宴，即使到了饭桌上，也是象征性地吃两口菜，甚至还会用喝酒来蒙混过关，场面十分尴尬。

或许你会说，别人请客也是出于好意，这不过是信息不对称造成的误会，但实际上这种说法站不住脚，因为你有机会察觉到别人在饭桌上的不适，也应该听说过对方躲避饭局的习惯。既然你真心想要结交对方，就应该了解背后的原因是什么。这种了解不是在打探别人的隐私，而是在确定自己是否踏入了别人的空间、是否破坏了对方的某种生活习惯，正如村上春树所说："不是所有的鱼，都生活在同一片海洋。"

每个人都有自己的生活习惯和生活方式，这原本就是人生的常态，你不知道很正常。如果你主动接近对方，把对方纳入自己的社交圈子之后，要尽量避免打扰别人的生活，不能想当然地认为"大家都喜欢的你也一定喜欢"，这样的行为就是以自己的三观去打乱别人的生活节奏，还让对方无法正面拒绝，这难道不是一种社交上的失礼吗？

不是所有的社交问题都和"会不会聊天"有关。有时候，我们应该考虑的是"会不会做人"，这其中就包含了如何善待他人、如何尊重他人，而尊重和善待不仅仅体现在言语上，更要落实在行动中。

当然，我们对待身边的朋友，出发点往往是好的，也的确存在"恨铁不成钢"的情况，但我们应该明确：每个人都有自己对理想生活的认识，这是一个没有标准答案的问题。

南非有一对情侣，一次，当他们在快餐店吃东西的时候，男人忽然单膝跪地向女友求婚，女友也十分激动，立即答应了他。然而这段视频流传到网络上以后，很多人都在嘲笑和讽刺男人，竟然在快餐店求婚，这也太抠门了，毫无仪式感，甚至还有人认为男人一定很穷，嫁给他不会有好日子过。

网友对远在千里之外的人品头论足，似乎距离人家的私密空间很远，但其实这些言论已经在客观上对当事人造成了伤害。不轻易踏入他人的空间，并不是单指以朋友的身份去打扰对方，即便是作为旁观者，也不该对你不了解的事情指指点点。也许那个男人并不穷，只是为了换口味才带着女友来快餐店，即便人家真的很穷，但他身上一定存在着吸引女友的某种特质，这是无法用金钱来衡量的。总之，我们作为局外人和陌生人，无权去评价别人的生活。

作家周国平在《论幸福》中写过这样一段话："自己未曾找到伟大的幸福的人，无权要求别人拒绝平凡的幸福。自己已经找到伟大的幸福的人，无意要求别人拒绝平凡的幸福。"的确如此。我们可以邀请他人来家里吃饭，但一定要事先了解他人的饮食习惯；我们可以拜访他人，但一定要事先告知……只有遵守这些社交法则，才能确保我们的社会关系正常运转，我们才可能得到他人发自内心的尊重与喜爱。

只有先做好自己，才能提高自己的可信度

加拿大有一个名叫特里的年轻人，从小喜欢体育运动，然而在他18岁那年被诊断出骨癌，不得不截掉了他的右腿，这对于一个热爱运动的人来说简直是一场噩梦，但是特里没有自暴自弃，他一边积极地接受治疗，一边安慰身边的病友。不过在二十世纪六七十年代，加拿大对癌症的研究投入十分有限，用于治疗的药物也十分匮乏，很多病人无法得到积极的救治，只能默默地等死。特里了解这个情况后，决定为自己和病友们做点什么。有一次，他在报纸上看到一个安装假肢的人在奔跑，这张照片打动了他，于是特里戴着假肢，穿上跑鞋和印着"希望马拉松"的T恤衫，开始了慈善义跑，为癌症病人募集捐款。

特里的计划是横穿加拿大，这对他来说极其困难，因为他的左腿每跨出一步，右腿都只能跨出一小步。尽管如此，特里还是坚持每天跑45千米，途经加拿大的每一个城市和村镇，对大家讲述义跑背后的故事。开始，没有人关注这个残疾的年轻人，甚至有人认为他是在作秀，然而随着特里奔跑的距离拉长，整个加拿大都知道了他的故事，人们被特里的勇气和意志深深触动了，很多人为了见他一面专门在路边等上几个小时，大家也纷纷为癌症病人捐款。特里的义跑持续了143天，每个星期只休息一天，

其他时间风雨无阻，后来他的癌细胞扩散，他每天都忍着剧痛奔跑，终于体力不支倒在了路上……特里去世后，加拿大的所有政府部门都为他降半旗致哀。最终，只活到22岁的特里，用奔跑8527千米的励志故事换来了124927200万元的捐款，这笔钱用于赞助医学研究，帮助了和特里一样的癌症病人。

特里的故事让人感动，但这并不是一个自始至终都充满感动的故事。在特里刚开始迈着艰难的步伐踏上征程时，并没有人为他鼓掌加油，他的前半段路程留下的是一排孤独的脚印，但是特里坚忍不拔的意志让他坚持了下去，一点点地接近目标，最终用实际行动提高了他的可信度，证明了他的初心。

世界上没有绝对完美的事物，当我们把目光投向某一件东西或者某一个人时，总能找出或多或少的缺点，所以我们有无数个理由去质疑甚至反感。但是，这并不意味着我们无法取得他人的信任、尊重甚至是崇拜，关键在于我们如何去做，如何用行动提高自己的可信度。

俗话说，做事之前先要做好自己。那么，这个"做好"到底指的是什么呢？其实答案只有两个字：价值。

这里所说的价值，并不单单指经济价值这种看得见、有明确衡量标准的，也包括文化价值、精神价值等"虚无"的存在。简言之，你的一言一行总要在某个方面体现出价值：或者能够创造社会财富，或者能够提振人心，或者能够引发思考……总之，让自己变得有价值，才算是真正做好了自己。

对社交恐惧症患者来说，参与社交总会遇到各种障碍。其中有些障碍是沟通能力的问题，有些是代沟的问题，还有一些就是"可信度"的问题。当别人在人群中许诺投入就有回报时，大家鼓掌致意并马上跟投，这大概率是发言者有可信度，人们愿意相信，可如果换上你去说同样的话，十有八九就会遭遇冷场；你会认为这是社交水平的问题，从而更加恐惧和陌生人讲话，显然这种归因是错误的。

我们鼓励社交恐惧症患者多参与社交活动，但有一个前提：先产出你的价值，这样你的言行才有可信度，才会有人愿意和你交往甚至帮助你去完成某个任务。为了达到这个目标，我们就要在"自我价值"上下一番功夫。

一方面，塑造自己的专业性

这里所说的专业，指的是你在某个领域做得比别人更好。具体可以分为两个方面：一个是专业素质，就是在工作态度上要超人一等；还有一个是专业能力，就是在工作技能上要有过人之处。专业素质，无法简单通过学习来获得，主要是培养对事物的专注程度和投入热情，让自己在做某件事的时候更加用心。专业能力，可以通过后天努力来学习，对于年轻人来说更是不在话下，因为你会有大把的时间和精力去学习，即便年龄大一点也没关系，可以向身边的朋友、同事和老师去学习，总有一天你会有讨人的专业能力。

当你具备了专业性的时候，你说出的话别人就愿意相信，因为你比普通人更懂，而在实操环节，你的专业能力又会给予人们希望，因为只有你才能帮助人们解决问题。自然，你的言行更容易赢得别人的信任。

另一方面，付出不输他人的努力

同样都在学习一门专业，为什么有的人学成了，有的人却半途而废甚至直接学废了呢？主要区别还在于各自付出的努力不同。当专业的人面对外行时，他们很容易赢得外行的信任，可如果若干个专业的人一起面对外行时，外行该相信谁呢？显然是付出努力最多的那个。

如果你经常看航空类的节目会发现，但凡提到一位飞机驾驶员，总会强调飞行了多少小时，这不是在炫耀资历，而是在告诉人们这位驾驶员在驾驶飞机上投入了多少时间、积累了多少经验，这些努力和付出就决定了他们在遇到意外时的反应、操作乃至扭转局势的能力。这样专业到极致的人，不仅会得到外行的信任，更会得到内行的赏识。

有些年轻人总是处于一瓶子不满，半瓶子晃荡的状态，认为工作勉强完成就可以了，只要老板不骂那就万事大吉，在生活上也是得过且过，饭菜煮熟了能吃就行，至于味道好不好、是否有营养都是题外话……显然，这种态度之下的工作和生活都只能算是及格，一旦公司有重要任务需要人去做时，老板会交给你吗？甚至朋友组织聚会，也不敢让你充当大厨。你可能是过得很悠闲，但在大家眼中，你就是一个不值得托付重任的人，因为你缺乏可信度。

只有你赢得了大家的信任，才能更好地融入一个团队之中，甚至成为领导者。而达到这个目标的前提，就是做好自己。只有让大家看到相信你的理由，你才有机会飞得更高更远。

不要那么"玻璃心"：有人指点，可以少走弯路

有一种人叫作"玻璃人"，他们骨骼脆弱，一碰就会骨折，即使伤愈了还很容易旧伤复发，所以他们终生都要小心翼翼地活着。不过，玻璃人并不是最可怜的，真正可怜的人连心脏都是"玻璃"做的，而且他们还不像玻璃人那样被人照顾，因为他们的心碎只有自己知道，别人难以察觉。

这种人俗称"玻璃心"，不幸的是，很多社交恐惧症患者都具备这个特征。

"玻璃心"们的诱因很多，有的是因为考试考砸了，有的是因为表白被拒了，甚至有的因为走路摔了一跤被人看到了，几乎任何一种不幸都能让他们的小心脏被震碎，而要恢复则需要很长的时间。当然，如果仅仅是因为一些出丑的事情而情绪低落，倒也并无人碍，毕竟我们都想展示给别人最完美的一面，但还有一种特定的"玻璃心"就比较可怕了：他们无法接受别人提出的批评和意见。

对于这类"玻璃心"来说，只要一听到批评的声音，就会觉得对方不是在就事论事，而是在针对自己的人格、能力和道德品

质乃至家庭背景，他们或者会不断地反驳对方，用更激烈的语言回击，证明自己有价值。当然，也有一部分人选择默默忍受却并不接受，不为自己做任何争辩而是找个地生闷气，心中的幽怨可是一点也没少，正应了那句谚语："豆腐掉在灰堆里——吹不得打不得。"

那么，到底是什么原因导致了"玻璃心"呢？

一般来说，"玻璃心"都是后天养成的，特别是在童年和少年时代，大多数人的成长环境被父母严格控制，是一路被骂着长大的，所以长期生活在焦虑之中，一旦遭到别人的批评就会无差别地产生反感，而不会认真考虑外界的批评是否合理。本来呢，轻度的"玻璃心"一定程度上能够帮助人们认识自我、反思过去，不然变成了油盐不进的滚刀肉岂不是真的无药可救了？但是，如果"玻璃心"发展到重症阶段就不那么好玩了，他们会持续、应激地反对别人的意见，无限开启自我防御模式。

当然，"玻璃心"并不是无可救药的，如果你还有自知之明的话，可以采用三种方法自救。

第一，理性认知自我

请各位"玻璃心"记住，不管别人怎么评价，你要做的不是急着痛哭流涕，而是先把这些话抛到一边，冷静下来，分析自己，看看问题是否出在自己身上，有则改之无则加勉。如果是对方恶意指责，就要学着为自己辩护，而不是保持沉默，因为沉默往往等同于默认，还会给你憋出一身内伤。当然，我们在为自己辩护时要有理有据，而不是脏话连篇。

第二，学会换位思考

有时候自己的无心之过会造成别人的不满和误解，这时候对方说出的话很难客观，所以当你分析出这些话的本意时，不要脑子一热就否定对方，要想想如果是自己的话是不是能保持冷静和客观，如果做不到就要学会理解别人，做到了也不要抨击别人，而是等双方都冷静下来再好好聊聊。

第三，保持开阔的胸襟

别人对你作出评价，这不是什么坏事，而是一个通过外界来认识自我的机会，所以不要将别人的意见都看成是有敌意的，要学会甄别好话和赖话。对于那些真心提意见的，要感谢对方；对于心怀叵测的，也不要想着打击报复，更不能攻击别人身上的缺陷来达到心理平衡。

一般来说，"玻璃心"自带矫情属性，而矫情的最大特征就是喜欢过度解读。很多时候，别人对你的批评仅仅是就事论事，并没有人身攻击的意思，但是在你的过度解读之下批评的声音被定性为宣战的号角，这种神经质的思维方式，必然会让你长期处于自我防御乃至自我封闭的状态中，意见是肯定听不进去了，毛病也被强化了。

归根结底，"玻璃心"的最大症结在于他们不擅长沟通，或者说害怕沟通，不懂得通过交流来改善人际关系。如果别人提出了批评，觉得委屈的话就好好跟对方解释一下；如果觉得很中肯就直接道个歉，不要把面子看成是金子一点都舍不掉。只有让沟通保持足够的活跃度，才能避免和别人处于对立状态。

作为普通人我们要认清一个事实：没有谁会按照你的标准去对待你，一是因为别人无法与你感同身受，二是因为大家实在没有闲情逸致顾及你的感受，所以要接受现实，学会与人为善。

拒绝"玻璃心"，就是拒绝那个保护过度的自己，耳朵"通畅"起来，头脑清醒起来，生命活跃起来，你才有机会让自己快乐地打上升级补丁，进化成一个更优秀的自己。

真诚是深耕友谊的基本要素

美国著名思想家爱默生曾说，友谊是人生的调味品，也是人生的止痛药。的确，好的友谊几乎是每个人渴望的，那么我们要付出什么才能获得宝贵的友情呢？

从小，我们往往被父母这样教育：要想成为一个受欢迎的人，就要对他人坦诚相待。进入社会之后，领导也会让我们和同事和谐相处，不要在团队中搬弄是非。真诚几乎成为维护人际关系的通用法则。

国外一位心理学教授说："一个人的面部表情越真诚，他的表达能力越强，会越吸引他人去效仿。人类面部及体内的肌肉纤维可以在人无意识的情况下被激活，你还没有察觉到的时候就已经开始去效仿别人的情绪了，这种效仿的能力要比你去率先流露这种情绪更容易。"那么对于有社交恐惧症的人来说，想要提升自己的表达技巧和沟通能力，就要拿出足够的诚意，才能把良好的情绪传递给他人，让自己的社交关系更加温馨融洽。

老张在城里打工，有一天来了两个一起工作过的老乡，三个人多年未见就连吃带喝了一通，席间自然免不了吐槽一番打工的艰苦，说着说着就提到了找不到合适的房子，老张一听就明白了，他面带愧疚地接过话茬："对对，城里比不了咱们乡下，住房太紧张了。就拿我来说，这么两间茅坑大的房子住了三代人，我儿子都上初三了，晚上只能睡沙发，要不然我就留你们在这住几天了。"那两个老乡一听，自然也明白了老张的难处，说了几句客套话之后就离开了。一年后，老张的境况有所好转，又特意找两个老乡过来吃饭，大家把酒言欢，多年的情谊依然未改。

两个老乡找老张，根本的目的不是为了叙旧，而是为了借宿，所以当他们暗示找房子困难的时候，老张无非两种选择：第一是打肿脸充胖子，为了表示情谊留他们借宿，却会苦了自家人，因为这一住还不知道要多少天，最后的结局可能是双方都会产生负面情绪；第二种是坦诚以告，说出自己的难处，让老乡明白自己不是不想帮忙，是真的有心无力，这样既能让双方都保留了面子，也能让老乡的关系得以延续。

生活中，并不是每个场合都需要我们谨慎措辞再开口，有时候修饰太多反而会偏离主题，甚至影响到社交关系的正常发展，让我们处于被动地位。

国外有人做过一项调查：在大学宿舍里，如果A室友讨厌B室友，B室友也不喜欢A室友，那么他们相比其他和睦相处的室友更容易患上感冒或者风寒，体质也会下降。因此有科学家得出结论：生活中对你最重要的人和你的健康关系最大，这是因为你们之间产生了深度的情感联系和情感寄托。在那些有着密切的、可靠的关系网络的社会群体中，有的人虽然应激水平很高，时常发怒，但是因为有家人和朋友可以倾诉和陪伴，即便经历了灾难也能从容地走出来。

既然一段真诚的友情对我们如此重要，我们为何不去竭尽所能地争取它呢？

一方面，我们要学会"严于律己，宽以待人"

如果我们总是用望远镜看自己，用放大镜看别人，那么永远都只能看到朋友的缺点，看不到自己的短板，这种"双标"行为就是缺乏真诚的表现。所以，我们应该学会"严于律己，宽以待人"，给朋友更多展示他们优点的机会，同时减少自己犯错的可能。对待朋友宽容，并不是一种委曲求全，而是把对方当成我们生命中不可或缺的人，只有保持这种真诚的态度，我们才能逐渐发掘出人性的闪光点。这样望远镜中的朋友就像是一幅绝美的风景，令人心旷神怡。而我们自己也会在放大镜的作用下，逐渐改掉自身的陋习，让朋友感受到我们灵魂中最温暖的一面。

另一方面，我们要秉承"用心相处，温柔以待"的原则

美国"保险怪才"斯通提出了一个斯通定律，意思是对于相同的事情如果用不同的态度去对待，那么结果也会不同。因为做事的态度确实能够激发不同的力量。同样，在社交活动中，如果我们想要获得他人的尊重和喜爱，就要以诚相待，方能换来真心。

在人际交往中，真诚永远位列第一，效能排在第二，也就是我们要多在一段友情中投入感情，而非衡量价值：这个朋友能不能给我拉来几个客户？那个朋友能不能借钱给我开店？当我们习惯用世俗的眼光去品评一段友情的价值时，我们也就玷污了友情的本质，而对方自然也会有所察觉，那么我们经营的不过是一段互相利用的关系。记住，你的真心"纯度"才是友情的底色。

精诚所至，金石为开。当今社会，聪明人不少，口才好的人也很多，然而能够获得他人信任和好感的，还是待人真诚的人。

好的友谊相互之间是透明的，因为他们彼此交换着生命。所以，一段友情能否存续，往往都取决于当初我们作出的选择：是对朋友假意逢迎还是推心置腹？是对朋友谎话连篇还是实言相告？或许，只有当我们经历了一些事情之后才能懂得：只有我们把真诚给了对方，才能得到真诚的相对；而如果我们把虚伪给了对方，得到的也必然是泡沫般的脆弱关系。如果你一开始就没有投入真心，那你就不会拥有友谊。

耐心是维持稳定关系的根本前提

有些时尚火爆一时却转瞬即逝，比如霹雳舞、杀马特，有些时尚却长盛不衰，比如"忍学"以及它的衍生物。值得注意的是，忍和耐是一对兄弟，忍代表着隐忍，而耐则代表着耐心。隐忍往往是重要的时间节点上我们克制自我的能力，而耐心则是贯穿我们生命始终、用来经营人生的常备心术。

具体在社交领域，耐心的作用十分明显，它可以帮助我们维护社会关系，保持人与人之间最基本的和谐与稳定，正如柏拉图所说，耐心是一切聪明才智的基础。有了耐心，我们才能集中精力钻研某件事；有了耐心，我们才能花费时间去了解某个人。所以耐心产生的智慧能够帮助我们经营好人生中的机遇和关系。

事实证明，耐心是成功人士的通行证，因为他们相信只要忍耐一下这道坎就可以过去，并且真的会在行动上保持克制。相反，那些经常半途而废、三分钟热度的人，都是缺乏耐心的人。他们在社交中遇到纠纷就会本能地逃避，不给对方解释的机会，更不给自己了解的机会。所以没耐心的人不仅做不成事，也经营不好关系。

多给自己一分耐心，等待事情的转机，等待人际关系的整合，才有机会见证柳暗花明又一村。

在大街上，我们经常能看到这样的场景。某人拿着电话毫无耐心地跟家人说："我现在正忙着呢，等回去再说！"再或者就是："没工夫跟你说了，先挂了。"然而，这些大忙人放下电话又干了什么呢？无非是和一帮狐朋狗友吃吃喝喝，并不是真的忙。以这种态度对待家庭的人，往往很难维持内部的和谐与稳定，总会在某个时刻让积累已久的矛盾爆发。

很多人经常会犯的错误是，把最好的情绪留给了外人甚至是陌生人，而把最差的情绪留给了亲人以及身边人，社交恐惧症患者也是如此。因为社交恐惧症患者对外人和陌生人的"恐惧值"会更高，在潜意识里认为他们"不好惹"，一旦发生纠纷依靠自己的社交能力是无法搞定，相比之下亲人和身边人就不同了，他们不会太过介意，也不会对自己造成威胁。然而，正是这种观点，让他们更容易陷入畸形的家庭关系和社会关系中，看似水波不惊，实则暗流涌动，因为他们的所作所为给亲人和身边人带来了强烈的不安全感。

当我们在外打拼伤痕累累的时候，家人是我们的避风港；当我们在工作上遇到千难万险时，同事可能给予我们援手；当我们在社会上经受挫折和磨难时，朋友是我们可以信任和依靠的肩膀。然而，只有当你拿出足够的耐心去经营这些关系时，它们才会生效。否则，即便是家人也会同室操戈，即便是同事也会暗中作梗，即便是朋友也会反目成仇。

这个世界上不会有无缘无故的好，每一段我们渴望的理想关系，都是长期经营的结果，而"保质期"的长短就取决于我们是否有耐心去维护。当我们不能及时处理负面情绪时，当我们不能用理性客观的视角去看待他人时，就不会有足够的耐心去维系某一段关系，从而产生各种连锁反应。

生而为人，应当学会感恩，特别是对我们身边的亲人、同事和朋友。我们想保持稳定和谐的关系，就要学会管理好自己的情绪，就要用耐心去了解他们、包容他们，毕竟人是一种社会性动物，我们可以在认知上成为社交恐惧症患者，却不能真的在社会层面逃避一切关系。既然无处可逃，我们就只能尽力维系，让自己的人生之路在健康的状态中稳步推进，让各种社会关系在相互愉悦中获得升华。

不要等到需要帮忙时，才想起朋友

某一天，你正在刷朋友圈的时候，忽然看到一个许久没联系的朋友，发现他的照片里多了好多你完全不认识的人，住在一个你从没去过的新家，甚至连工作也换了很久。这一切对你来说相当陌生，因为过去他有什么变化都是第一个告诉你的，如今你看着对方陌生的朋友圈，终于发现，自己成了局外人，与曾经的那段友谊悄悄告别了。

想必到了一定年龄，人往往会有这样的体验：过去形影不离的小伙伴如今却渐行渐远，曾经的畅所欲言如今却变成寒暄。生活中，我们经常会听到有人突然问我们："你和某某之前关系那么好，怎么就突然不联系了呢？"也许，问这话的人以为自己能够听到一个关于友情破裂的"大瓜"，但却从你茫然无措的目光中看到了失望，因为你也不知道怎么就和某某形同陌路了。

相信有过类似经历的人不在少数，大家似乎都接受了一个残酷的现实：人与人天生就是在不断疏远的。如果你什么都不做或者做得不够多，从朋友变回陌生人只是时间问题，而且这一切发生得没有任何征兆，在双方都没有结仇的前提下就走向了分道扬镳。

自己的世界里突然少了一个人，这对谁来说都不是一件好事。虽然我们也都明白朋友也可以结交新的，但失去相处多年的朋友仍然是一种损失。

小A大学毕业后进入一家公司，很快就和同为新人的另一名同事成了朋友，简直就是相见恨晚。在接下来的三年中，他们相处得完全像是亲密的朋友，同事之间的暗中竞争和职场猜忌都不会影响他们，让公司里的其他人都十分羡慕，甚至有人误以为他们是从一个大学毕业的。后来，小A觉得公司的发展前景和自己的职业规划并不匹配。于是，就果断离职，去了另外一家公司，由于业务繁忙而无暇社交，那位留在原公司的同事也在参加各种考试，两个人的联系就越来越少了，直至有一天，他们才从各自的朋友圈中了解对方结婚的消息。后来，一次偶然的见面终于让他们认清了事实：即使双方努力地寻找话题，却还是改变不了尴尬的氛围，别说过去的那种默契和亲密了，就连基本的套近乎都做不到了。

再好的友情，也经不起疏离。一对朋友，不管之前多么要好，如果一个星期不联系，可能会偶尔想起；如果一个月不联系，就开始习惯了；如果三个月不联系，那就有可能淡忘了；如果半年不联系，那就意味着这段关系名存实亡了。正如大家认同的那样：常联系的才是朋友，不常联系的顶多算个熟人。

当然，有些人不这么看，他们认为有一种朋友"平时不联系只要有事就会现身"，这种说法对不对呢？我们有理由相信世间有这样的朋友，但扪心自问，有多少人确定自己拥有这样的友情呢？更何况，在没有"出事"之前，我们和对方确实是保持着"平时不联系"的状态，几乎无法验证对方会不会在我们需要的时候出现。所以，我们可以有把握地给出结论：至少大多数的关系，还是需要去用心经营的。

现在问题来了，为什么我们会从朋友变成陌生人呢？其实很多时候，不是我们有意去疏远谁，而是在工作和生活的压力下，逐渐丧失了经营友情的"主动性"，误以为友情只要放在那里不去破坏，就不会变质。结果正是这种大意，让我们的友情悄悄地发霉变质，等到我们发现时，已经无法挽回了。

听到这里，或许有些社交恐惧症患者会说：你是不是又要强调让我们去认真经营一段关系呢？这样真的很累，而且一不留神就会变成讨好型人格的反面教材。其实不必如此紧张，任何一段正常的社交关系，都不需要刻意去维护，毕竟我们不可能获得所有人的欢迎，总会有人从我们的世界离开，我们所要关注的是那些对我们来说比较重要的人。这是我们现在拥有的，所以一定要紧抓在手中。

作家刘希平写过一本书名叫《天下没有陌生人》，讲述了如何结交陌生人、维护朋友圈等社交技巧，在生活中他也是一个朋友极多的人，而且每一段关系都维护得相当好。或许有社交恐惧症患者又会说这人八面玲珑我学不来，其实他维护友情的秘诀十分简单，就是每年朋友过生日的时候送个礼物或者打个电话。看似简单，却十分管用，让朋友意识到他并未离开，而是一直默默地惦记着大家。然而，就是这个听上去谁都能做的事，有几个人能长期坚持呢？

对大多数人来说，工作和生活的压力让我们无暇去纵情欢笑，没日没夜的加班不仅榨干了我们的业余时间，更耗尽了我们的宝贵精力。好不容易迎来一个假期，第一件想做的事恐怕也是睡到自然醒，能够抽出时间组织朋友聚会的，确实都是精力充沛的人。但是，人与人的关系维护并不需要这么高的门槛，在电话里送出一声节日问候，在网络上发出一段祝福文字，再忙的人也能抽出时间来，关键在于你是否惦记着这份交情。

每个人都有忙碌、劳累和孤独的时刻，每个人也都有需要朋友伸出援手的时刻，如果我们只想照顾自己懒散的情绪而忽视了朋友，就不要指望自己遇到难处时朋友能够助我们一臂之力。事实上，友情和爱情有着相似之处，它们都像是双方在银行开了账户，两个人都往里面存钱才能做活账户，才能在关键时刻取出存款来以解燃眉之急。如果有一个人停止了存款，这个账户就会日渐干瘪，直到有一天你发现里面余额为0。

友谊是值得珍惜的，但友谊也是接地气的，离不开人情世故，而人情世故从来不是短线投机，而是长线投资，那些经得起考验的关系往往都是历经岁月培养起来的。换位思考，一个多年不联系你的旧友突然找你办事，你的心情又是如何呢？你的第一反应不会是在想对方到底有多难，而是会抱怨为什么你过生日的时候没有听到对方的祝福。

深情不该被辜负，薄情也不会有回报。在人心变化飞快的时代，我们不能指望某一段关系会在真空中不被腐蚀，也不能认定某个人会至死都不离不弃。我们应当多去给友谊浇浇水、施施肥，这样才能确保友谊之花常开不败，当我们需要解渴或者饱腹时就能摘取到珍贵的友谊硕果。

PART
07

过去我一直把自己封闭起来，与其说给自己设置了一个安全区，不如说是一个舒适区。在这个区域里，我能从容地应付一切。我规避了所有挑战，而在走出舒适区以后，我认识到自己的短板，也意外地发现了自己还有些许长处和潜力……

三周改善社交恐惧症计划

第一周：接纳自己

DAY1：放弃一些安全感

今天阳光明媚，天空湛蓝，外面绿草如茵……好吧，我实在编不下去了，其实今天阴云密布，路人稀少，外面给人一种窒息的感觉。我趴在阳台上看着世界，有一种陌生感，只想一个人待在家里，毕竟一会儿可能就要下雨了！不过后来想了想，貌似天气晴朗的时候我也不想出门，因为外面的阳光可能会"暴晒"我，但家里的房顶却可以保护我……好吧，其实我是没有安全感。

电话铃声突然响起，是多年未见的初中同学小高，说刚好在本市出差，想过来看看大家，据说已经联系了另外五个同学，这些名字在我的脑海中一闪而过，我实在想不起来上学的时候和他们有什么交集。但是小高当年和我交情还不错，一再邀请我明天去烤鸭店来一次小规模同学聚会，我说："改天吧。"小高说："改天我就回去了，你可千万不能不来啊。"

放下电话后，我有些后悔没有斩钉截铁地拒绝，看着窗外灰蒙蒙的天空，那种压抑感再度占据我的心头，去还是不去，似乎已经有了答案。因为我忽然想起，当初我在学校里肚子疼的时候，是小高搀着我去的医务室，那天也是一个阴天，他却义无反顾。

DAY2：撕掉身上的标签

果然不出我所料，第二天还是一个阴天，不过和昨天相比，那种压抑感已经淡了不少。下午，我在收拾衣服准备出门时，脑子里一直在回忆这么多年大家对我的评价：独来独往、挺有个性、跟他不熟……当然能传进我耳朵里的都还是好话，总之这些标签是客观存在的，它勾勒出一个不喜欢扎堆儿的社交恐惧症患者形象。对此，我心里肯定是有些不爽的，因为大家给小高贴的标签是"乐于助人""有亲和力""女生缘特别好"等。我谈不上多么羡慕嫉妒恨，只是我的标签听着有些闹心。

我穿好衣服，终于壮着胆子走出了家门，一路思绪万千地来到那个陌生的烤鸭店。在看到小高的一瞬间，我也瞥见他身边的几位同学露出了惊讶的眼神，我知道他们一定在想：没想到这家伙居然来了啊。

没错，我来了，人生总要有点意外，说不定我以后还会给你们制造更多的"意外"。

DAY3：害怕，但不拒绝迈出第一步

昨天的聚会，我有点喝多了。起初，我很拘束，准确地说是

有一点抗拒。在餐桌上，我只和小高能聊上几句，其他那几位同学，有的上学时就不熟，有的甚至有一点小过节，只能尴尬地应付两句。不过，小高似乎早就预料到我的反应，总是把话题引到我这边，开始我非常不适应，因为我不喜欢被大家关注，可是聊着聊着，小高提到我这几年参加设计大赛拿过的奖项，那几位同学纷纷向我敬酒。当然，这不是我喝多的真正理由。后来，一位外号叫"瘦猴"（现在体重200斤）的同学突然凑近我说："我认识一个设计公司的老板，把你推荐过去怎么样？"也不知道是不是酒精的作用，我一口答应了。

今天一大早，"瘦猴"打电话给我，说他把我的简历发给了那位老板，邀请我下周过去聊聊。我一激灵，因为我独自接活四五年了，还没有直接和老板面谈的经验，以前的工作都是中间人负责，没想到这么快就要面对一次挑战。可是，我有理由拒绝吗？难道我不想让自己有更广阔的平台吗？我想，我活了将近三十年，该对自己的人生负责了。

DAY4：支配你人生的不是那些小事

因为下周要和那位老板见面，我坐在电脑前开始整理自己的设计作品。从表面上看，我是一个做事周全的人，其实我心里清楚得很，我是想多拿作品说话，这样就可以少说话了，谁让我是一个有社交恐惧症的人呢。

整理作品之余，我忽然发现一个名为"日志"的文件夹，这才想起来以前还有写日记的习惯，随手打开其中一个文档看了看，才发现原来过去的自己还真挺矫情的：因为聚会上向老朋友问好对方没搭理自己而郁闷一个星期，因为在群里发了一次春节祝福而没人应答最后干脆退群……其实现在看，我还是会感到有些难过，但可能不会情绪波动那么大。然而，当我把这个文件夹里的文档挨个儿浏览一遍之后才发现，我日志中记录的都是这些矫情的小事，每一篇都洋洋洒洒上千字，真的值得耗费这么多时间吗？如果，我把这些时间用在设计上，估计也有一个半个的成品产出了，说不定还能拿个三等奖。

我沉默了。

DAY5：接纳不完美的自己，融入群体

中午准备睡觉的时候，邻居敲响了我的房门，我拉开一小条窄得连蚊子都飞不出的门缝看向邻居，这才知道她是想让各位业主聚集起来商量楼下绿化带的问题。原来，我们小区准备扩建停车场，西边的一片绿化带可能要被征用，但有一些业主不同意，就组织大家"请愿"。

我本来是不想参与这种事儿，因为无论是绿化带还是停车场，跟我好像都没什么关系，毕竟我一年就出那么几次门，可是邻居的态度挺诚恳的，我不忍心拒绝，就答应下楼和业主们集合。

来到楼下以后，几个业主正在情绪激动地议论着，我本来想站在一边当个"小透明"，可邻居却一把将我推到人堆儿里，一个嗓门挺冲的大哥一把抓住我："对，多来几个爷们儿，输人不输阵！"接着就问起我的态度，我简单说了一下想法，然后就在大哥的脸上看到了些许失望：这小子声音这么小，看来也帮不上什么忙！

我承认我中气不足，可是我没有看不起自己，因为我在脑海中已经构思出了一个关于保卫绿化带的方案。

DAY6：失败不可怕，起码我改变了

昨天的业主大会开得并不成功，因为来的人很少，没有形成声势，加上有好几个像我这样的社交恐惧症患者，还没见物业就直接"熄火"了，我记得大哥看我们时的表情。

失败，这算是失败吗？也算，也不算吧。

其实我是一个有点环保理想的人，比起停车场我确实更喜欢绿地，但是我却在需要发声的时候退缩了，这确实让我有些后悔，可是我也很清楚，即便时光能够倒流，我多半还是那个样子，因为有些改变需要时间。至少，我已经知道该用什么方法表达我的想法了。不说了，我要作画去了。

DAY7：没什么能阻碍我改变自己

一片草地，上面停着几排汽车，原本绿色的草被汽车尾气熏

得焦黑，旁边是几个捂着鼻子踢球的孩子。

这就是我画的《朋克足球》，线条简单，色彩鲜艳，特意增强了对比度，让那一抹残存的绿草和浓黑的烟尘形成了强烈对比。我画完稿子以后，复印了十几份，贴在了小区各个显眼的位置。我知道这是不被允许的，但我想这也算是一种"抗议"。

果然，下午物业经理来找我了，说我在小区违规贴画报，造成了恶劣影响。我酝酿了片刻，终于鼓起勇气对他说："既然你知道贴画报是违规的，怎么就不知道改造绿化带是违规的呢？这可是购房合同里写明的啊。"物业经理又拿出一堆听不懂的借口搪塞我，不过这一次我没那么怕了，因为有不少邻居开始声援我了。

我开始不那么惧怕了。

第二周：提升自信

DAY1：自信的姿态是这样的

今天，几位邻居特地找到我，说是物业那边已经开始和大家坐下来谈了，不因为别的，正是因为我那些画稿引起了不少居民的共鸣，他们之前考虑的是以后停车会更方便一些，却忘了自己的孩子失去了玩耍和游戏的空间。那位大嗓门的大哥还特地跟我说："看着你闷声不响的，没想到出手就这么狠！"

我承认自己不是赢在嘴皮子的功夫上，但邻居们看我的眼神真的和以前不一样了，我忽然找到一种被人重视的感觉，或许，这就是我失落已久的自信吧。我可能不太擅长说话，但我不是不敢说话，而是拥有比语言更强大的武器。

DAY2：发现你的优势

下午两点半，我们十几位牵头的业主再次去见了物业经理，起初对方还是在打官腔，说是考虑到方便小区车主停车、完善小区功能等。那位大嗓门的大哥眼看着要忍不住了，拳头都攥紧了，我察觉以后一边按住了他一边对物业经理说："您看，绿化也是小区的功能之一，我们挺关心这个的。"物业经理一愣，随后才重新回到正题上。

经过这几次的交谈，我发现这边的邻居们敢说敢做的不少，但是说话说到点子上的不多，很多时候都是带着情绪说话。而我呢，虽然说话中气不足，但是总会留意对方的表述，毕竟我在各种社交场合没少观察别人，这可能就是我的优势吧。

DAY3：人生因尝试而更美

经过一周的交涉，最后物业作出让步：保留西边的绿化带，只对东边的一小块草坪进行改造。这个结果我们还是比较满意的，因为东边的草坪本来去的人就少，加上确实有一些业主需要车位，我们太过激烈也不便日后相处，这算是一个完美的结局了。

当然，这件事最大的受益者还是我。虽然我不怎么出门散步，也没有汽车，但是却通过和物业、邻居们的几番交流，迈出了我一直逃避的一步。现在看来，人生总是充满未知数，只有敢于尝试，才能知道自己的上限和底线在哪里。

DAY4：拒绝一次无效社交，哪怕在心里

昨天晚上，我把亲身经历的"保卫绿化带"的故事发到了朋友圈，很多人点赞留言，一个多年没联系的前同事找我私聊，说打算聚聚，当我问了都有谁参加时，对方说出了一个令我十分讨厌的名字。那家伙在我的上一个单位就是个万人烦，我觉得实在

没有见面的必要。于是，我随便找了个借口说不去，对方也没再强求。

本以为这件事就算过去了，没想到，今天中午那个前同事突然说已经到我家附近了，让我赶快下楼。我左思右想，觉得直接推脱有点不近人情，何况这个同事过去对我帮助挺大的，我就只好硬着头皮下去了。到了饭店以后，一切如我预料的那样，尴尬的聊天、尴尬的场面。如果是在过去，我肯定要找个借口提前溜掉，不过这一次我比较沉得住气，几乎没怎么搭理那个万人烦的同事，用手机在居民群里和大家聊天，那个大嗓门的大哥说要约我吃烧烤。

DAY5：这里有些专业疗法，看看就好

今天登录了许久没上的QQ，忽然收到一条信息链接：《专业治疗社交恐惧症的五种方法》。我一看聊天框的头像，才想起来这是一位大学同学，他上学时跟我关系不错，性格比较内向，有时候比我还恐惧社交，没想到今天忽然给我发了这个。

我顺着链接点进去一看，真的看到很多"专业"的社交恐惧症治疗方案，什么"系统脱敏法"，说是让人逐步暴露在让其恐惧的社交环境中，放松适应；还有"冲击疗法"，通过一次性的强烈的恐惧刺激，适当地焦虑一段时间，从而消除对社交的恐惧……平心而论，如果放在过去我真的会一条一条地学习，但是

现在我不那么认真了。倒不是我不虚心了，而是我相信实践才能出真知，学习是有必要的，但如果把改变自我的可能全部交给所谓的理论，那社交恐惧症怕是一辈子都治愈不了。

DAY6：停止揣摩他人的想法

晚上，我如约和大哥去吃烧烤了，其实去之前我是犹豫的，毕竟他性格直爽，和我这种人貌似不是一路，但人家对我印象不错，我还是别让好不容易建立起来的"人设"崩塌了吧。

还好，这次烧烤总体上我是比较放松的，因为大哥实在太健谈了，我就算是个话痨都插不上嘴。不过聊着聊着，话题忽然转到了生活压力上，大哥说自己中年危机，孩子上学花钱多，老婆也是购物狂，我那敏感的小神经忽然绷紧了：难不成大哥是要向我借钱？面对这种社交难题，我还没有学会如何应付，一瞬间，手里的肉串顿时不香了，灌进胃里的生啤也变成水了——我吓得都醒酒了。

但是我很快就放心了，当大哥说完了生活的难处之后，忽然高兴地拍着我的肩膀说："老弟，昨天我老板刚给我发了奖金，不少呢！要不我怎么能有钱请你吃烧烤呢！来，干杯！"

DAY7：多想象一下成功后的自己

今天下午，我把电脑里的设计作品全部整理完了，这才发现自己前前后后也得了不少奖项，顿时还有点飘飘然的感觉。回想这两周的经历，我忽然发现自己其实没有那么差，虽然在社交领域还是个新手，但是起码不招人讨厌，时不时地还能被别人想起，甚至在关键时刻还能站出来代表大家说两句。

或许，这就是自信的力量吧。如果我有哪个作品获得了世界知名大奖，那么我在面对陌生人的时候，是不是沟通的底气会更足一些呢？当我面对老同事、老同学的时候，是不是也不必担心对方冷漠的言语了呢？

看来，人活着偶尔还得做点白日梦。

第三周：熟能生巧

DAY1：勇敢又真实，是重要的社交能力

和老板约定见面的日子到了，我准备好了以往的设计作品，也准备好了人家可能要问我的问题，然后就按照地址去了那家设计公司。本来我以为"瘦猴"能陪我一起去，没想到人家歉意地表示实在太忙，只能让我独自面对了。

我不在大公司上班已经很多年了，习惯了和一两个人对接，习惯了没有职场上的那些规矩，今天去面见一个陌生的老板，心里确实有些打鼓。不过我一转念，聊得投机不投机也看缘分，做好真实的自己就可以了。

终于，我在一间装修豪华的办公室里见到了老板。他人很和气，先是看了看我的作品，然后又问了我是否习惯重回职场，我简单思考了一下说："从习惯上讲，我不太喜欢现在的职场风气，一些内耗会影响创作力发挥。"说完也没再多作解释，老板默默点了点头，又和我聊了聊闲话，谈话结束了。

DAY2：不会说话？你还有耳朵

今天中午，"瘦猴"打电话问我昨天聊得怎么样，我的直觉告诉我，老板可能不喜欢像我这种单打独斗的人，毕竟缺乏团队意识，就一五一十地告诉"瘦猴"了，"瘦猴"说没关系，他还可以帮我介绍别的老板认识。

因为今天是小高出差的最后一天，所以晚饭时间，"瘦猴"找我和另外几个同学给小高送行。这次，大家没怎么聊上学时候的事情，而是讲了讲各自在职场、生意场上的经历，特别是待人接物方面的，这个领域我实在没啥可以分享的，只能安心当个倾听者。不过我还是很有收获，比如，小高提到了"冷读术"就很有意思，我终于发现，自己不是在社交方面不行，而是压根儿就没认真学习过。

DAY3：又尴尬了？转移注意力

我没想到，前女友会打来电话。因为我们差不多三年都没联系过了，听她的意思是想求我帮忙处理点事情。虽然这个联系的理由实在功利，但是好在当初是和平分手，我就弱弱地问了一句："是不是经济上有了问题，我倒是想帮忙，但是别人还欠着我两笔钱。"前女友一听就连连否认："你误会了，我是想让你帮我联系一下你在妇产医院的同学。"听到这儿，我几乎想也没想就随口说道："恭喜你啊。"这次前女友是真的不耐烦了："你能不能别乱猜了，我没怀孕，也不缺钱，就是想帮我姐找个医院做孕检。"

我忙不迭地把同学的联系方式发给了前女友，可没想到她忽然又问我："刚才你说有人还欠着你钱，你最近是不是手头紧了？"这下我彻底尴尬了，分手这么多年再被认定为"生活落魄"，实在是不好听。于是，我急忙打个岔："对了，我同学的家离你们公司不远，中午我可以帮你约出来先见个面，她人挺好的。"紧接着，我又扯到了那家医院有多么正规、检查过的孕妇都说好之类，那个让我尴尬的话题总算过去了。

DAY4：输就输，错就错

"瘦猴"刚刚来电话了，说那位老板委婉地告诉他，我可能不太符合他们公司现阶段的需求，但是很欣赏我的设计理念。对于这个结果我自然毫不意外，我也承认自己在表达方式上过于直接了，如果站在老板的角度，这样的员工确实不太好"驾驭"。

"瘦猴"知道这不是什么好消息，就在电话里安慰了我足足十分钟，看来是我过去表现出的敏感让他担心了，其实现在的我对这些问题看得很开。我告诉他："就算再给我一次机会，我也不会违心地说我喜欢大家围在一起工作的氛围，毕竟我过去就这么被坑过，功劳和奖金都被人抢走了，我不说不代表这些事情就不会发生。"

挂断电话后，我心情比较复杂：一方面有点担心以后的职场生涯会不会更不顺利；另一方面有点庆幸终于敢跟人说出真实的想法了。输了就输了，总不会一直输吧？错了就错了，难不成会一直错下去？

DAY5：寻求和接受帮助

那位大哥又来找我喝酒了，借着酒劲我把最近的遭遇都跟他说了，没想到他眼睛忽然亮了起来："你咋不早说呢？我以前是做销售的，可以教给你几招。"说完，他就摆起了给我上课的架势，把他早年混迹于"江湖"的案例一个一个地讲给我听。虽然故事里有很多夸张的成分，不过我听得还是津津有味，只是我没想到事情并没有就此结束。

喝完酒回到家，我的一个合作伙伴打电话给我，说他准备找甲方要账去，那里面就有我2万元的设计费，希望我也能一起去。我一听顿时不假思索地答应了。放下电话，我不由自主地给邻居大哥打了电话，向他请教讨债的技巧，结果他的话匣子彻底打开了，半个小时之后我感觉自己都能"毕业出师"了。我忽然发现，与其逼着自己去琢磨社交的技能，还不如找高人指点一番，这样真能少走不少弯路。

DAY6：采用自然的做事方式

今天是上门讨债的日子，这对于一个社交恐惧症患者来说差不多就是终极挑战了，好在我昨晚上了"讨债速成班"，多少心里有点底，就跟着合伙人敲开了甲方公司的大门。一见面，对方自然是极力避开主题，东拉西扯套近乎，一个跟"钱"沾边儿的词都不说，合伙人只好拿出合同给对方看，可对方明显有备而来，把解释条款中模棱两可的部分当成冠冕堂皇的理由，把合伙人反驳得哑口无言。

眼看着讨债要失败了，合伙人一个劲儿地冲我使眼色。我几乎没有说什么话，就站在一边看着甲方，估计甲方以为我是一个打酱油的，脸上露出了胜利者的微笑。就在这时，我拿出了已经写好的一段文案给甲方看，告诉他如果还是不打算付款的话，我就要在朋友圈里分享这篇"某公司恶意拖欠"的文章，能看到的都是在设计圈、传媒圈混迹多年的人，还包括一些客户，至于可能造成的负面影响就不得而知了。

我的话说完之后，甲方的脸色又变了，他和颜悦色地劝我不要冲动，说他们会想想办法。我觉得，吓住他的不仅仅是我的孤注一掷，也是我一直不发言的沉着和冷静。

DAY7：对我很重要，这就是我想要的

昨天的讨债以顺利拿到设计费圆满结束。合伙人问我，你有那么多设计圈、传媒圈的朋友，平时没看出来啊。我说我当然不认识那么多人，只不过是把我朋友圈里的人都改成了"××传媒李某某""××设计室某某""经纪人××"等备注，一眼看上去简

直就是企业黄页，甲方本来就欠钱心虚，看了这种通讯录能不示弱吗？以后不在这个圈子混了吗？

因为成功要回了欠款，我今天的工作效率更高了，还特意抽空把好消息告诉了邻居大哥，他那洪钟一样的嗓门差点让我的蓝牙耳机"暴毙"："你行啊，学得可真快！哪天你得请我喝酒！"我高兴地应允了，毕竟这里面真有人家的功劳。

过去我一直把自己封闭起来，与其说给自己设置了一个安全区，不如说是一个舒适区。在这个区域里，我能从容地应付一切。我规避了所有挑战，而在走出舒适区以后，我认识到自己的短板，也意外地发现了自己还有些许长处和潜力……这种磕磕绊绊的生活，对我来说很重要，因为这就是我想要的，只是我过去不知道。